高等职业教育"十三五"规划教材

民航运输类专业系列教材

空乘职业形象塑造

于莉 韩秀玉 马丽群 编

KONGCHENG ZHIYE
XINGXIANG SUZAO

化学工业出版社

·北京·

空乘职业形象塑造是各大院校空乘专业的必修课程。本书结合编者多年的教学实践体会而编写。书中阐述了形象设计和美容化妆的概念，分析了空乘人员形象与气质之间的关系，从色彩、光线、形态、美学等多个角度，充分诠释形象设计的内涵；以模块的方式详细讲解了有关空乘人员的职业妆容、化妆手法、养发护肤等技巧，将知识点与技巧训练有机地结合起来；从服饰搭配、发型设计、美容与保健、化妆品常识等多个角度，充分说明了形象塑造的完整性、科学性以及美容化妆的实用性等特点，帮助航空服务从业人员拥有更完美的职业形象。

本书可作为高职高专、中等职业学校等相关院校空中乘务专业的教学用书，也可作为成人高等教育的同类专业教材，以及民航服务人员的参考书及企业培训用书。

图书在版编目（CIP）数据

空乘职业形象塑造/于莉，韩秀玉，马丽群编． —北京：化学工业出版社，2019.10（2024.8重印）
ISBN 978-7-122-34969-9

Ⅰ.①空… Ⅱ.①于…②韩…③马… Ⅲ.①民用航空-乘务人员-形象-设计-高等学校-教材 Ⅳ.①F560.9

中国版本图书馆CIP数据核字（2019）第164421号

责任编辑：旷英姿　韩庆利　　　　　　文字编辑：李　曦
责任校对：王鹏飞　　　　　　　　　　装帧设计：王晓宇

出版发行：化学工业出版社（北京市东城区青年湖南街13号　邮政编码100011）
印　　装：北京缤索印刷有限公司
787mm×1092mm　1/16　印张9　字数199千字　2024年8月北京第1版第7次印刷

购书咨询：010-64518888　　　　　　　售后服务：010-64518899
网　　址：http://www.cip.com.cn
凡购买本书，如有缺损质量问题，本社销售中心负责调换。

定　　价：38.00元　　　　　　　　　　　　　　　　　版权所有　违者必究

前言

　　空乘人员指的是民航运输行业的服务人员。空乘服务是高质量、高标准的标杆式服务，而空乘人员则是这种优质服务行业的形象代言人。空乘人员的形象设计是一种综合性的、全方位的设计。形象美、外观美不是空乘人员形象的全部内容，仪态、气质、言谈举止、性格、心理等以及文化艺术修养也同样不可或缺。

　　本书所指的形象设计，是对个体人物的整体形象进行设计，即根据人物的基本特征，如人的面相、身材、气质及社会角色等各方面的综合因素，确定妆容和服饰的色彩范围与风格类型，从专业角度进行全方位的设计和引导，帮助其树立良好的人物形象，提升品位，增加自信。

　　本书是校企合作教材，重点结合空乘人员形象气质的特殊要求，从不同的角度阐述了空乘人员的职业素养，使学习者进一步加深对空乘人员职业形象的理解和认识。我们期望传授给大家有关空乘人员形象塑造的专业知识，并结合具体案例，由浅入深、由理论到实践构建知识体系。本书的编写是在吸收国内有益的形象知识的基础上，结合空乘人员的职业特点，对化妆、发型设计、仪态等方面进行理性的筹划和有序的整合，既注重专业基础知识的系统性和规范性，又重视实际操作中的多样性，以期达到提高空乘行业以及空乘人员职业形象的作用。

　　本书由辽宁轻工职业学院航空服务系专业教师和相关企业中的专业人士共同编写，编写过程中得到了相关航空公司和企业的大力协作，并在此感谢辽宁轻工职业学院航空服务系空乘专业2013级宋琳琳，2017级孙坤、吴佩然、黄琳雅、马鹏格，2018级付梦雪、张佳欢、韩月、李佳欣、李天宇、段美彬、岳阳、王泽等优秀的学生代表，为本书提供案例及图片。

　　本书在编写过程中，参考了相关专家学者的研究论著以及同行、相关网站的资讯。在此，谨向这些作者和给予本书支持的相关人士表示衷心的感谢！同时对化学工业出版社的大力支持，表示诚挚的谢意。

　　由于专业水平有限，加之形象设计手法多种多样，本教材难以达到尽善尽美，希望广大同人、专业院校师生给予谅解，我们希望通过不断修订使其更加完善。

编　者

2019年7月

目录

第一章　空乘人员形象设计基础　　　　　　　　　／001

　　第一节　形象设计基础知识　　　　　　　　　　／001
　　　　一、形象设计的概念与内容　　　　　　　　／002
　　　　二、形象设计的基本原则　　　　　　　　　／004
　　　　三、形象设计的美学原理　　　　　　　　　／008
　　第二节　空乘人员职业形象设计知识　　　　　　／012
　　　　一、职业形象设计的基本要素　　　　　　　／012
　　　　二、空乘人员职业素养要求　　　　　　　　／014

第二章　空乘人员服饰搭配与气质表现　　　　　　／018

　　第一节　服饰搭配要领　　　　　　　　　　　　／018
　　　　一、服装色彩搭配　　　　　　　　　　　　／018
　　　　二、服装款式搭配　　　　　　　　　　　　／020
　　　　三、服装配饰基本要求　　　　　　　　　　／022
　　第二节　空乘人员职业着装要求　　　　　　　　／024
　　　　一、民航乘务员工作制服着装要求　　　　　／024

二、女乘务人员制服穿着要求　　/ 025
　　三、男乘务人员制服穿着要求　　/ 026

第三章　空乘人员职业形象塑造　　/ 029

第一节　皮肤的清洁与保养　　/ 029
　　一、皮肤的基本结构与功能　　/ 030
　　二、皮肤的类型与护理　　/ 032
　　三、皮肤的日常护理与保养　　/ 036

第二节　化妆品与化妆工具的选择　　/ 041
　　一、护肤品的选择　　/ 042
　　二、彩妆品的选择　　/ 044
　　三、化妆工具的选择与使用　　/ 049

第三节　空乘人员化妆技巧　　/ 054
　　一、认识面部结构　　/ 054
　　二、面部美化技法　　/ 055
　　三、常见的脸形与修饰技法　　/ 086

第四节　空乘人员发型基本要求与操作技巧　　/ 090
　　一、发型设计基本要求　　/ 090
　　二、空乘职业发型　　/ 093
　　三、头发清洗与养护　　/ 098

第五节　空乘人员职业妆设计　　　　　　　　　/ 102
　　一、女乘务人员职业妆设计　　　　　　　　/ 102
　　二、男乘务人员职业妆设计　　　　　　　　/ 116

第四章　空乘人员美容与保健常识　　　　　　/ 121

第一节　饮食与美容　　　　　　　　　　　　　/ 121
　　一、饮食与美容的关系　　　　　　　　　　/ 121
　　二、饮食对空乘人员美容的影响　　　　　　/ 124
第二节　季节、环境与美容　　　　　　　　　　/ 124
　　一、季节对美容养护的影响　　　　　　　　/ 124
　　二、环境与美容　　　　　　　　　　　　　/ 128
第三节　保健与健身　　　　　　　　　　　　　/ 128
　　一、如何判断"身体硬化度"　　　　　　　 / 129
　　二、造成身体硬化的十大因素　　　　　　　/ 130
　　三、锻炼肌肉是消除身体僵硬的捷径　　　　/ 132
　　四、保暖有助于身体健康　　　　　　　　　/ 136
　　五、身心放松也能有效消除僵硬　　　　　　/ 137

参考文献　　　　　　　　　　　　　　　　　　/ 138

第一章

空乘人员形象设计基础

 导读

  空乘人员职业形象设计是一项整体工程。它体现在五官、皮肤、身材和体形等自然条件上，同时又可以通过发型、化妆和服饰等形象上的设计与包装，进一步将社会角色与外在美进行完美的结合。本章就空乘人员职业形象的特点而言，讲述空乘人员职业形象的内容，重点结合空乘人员形象气质的特殊要求，确定妆容和服饰的色彩范围与风格类型，从专业角度进行全方位的设计和引导，帮助树立良好的人物形象，提升品位，增加自信。此外，从不同的角度阐述空乘人员的职业素养，使学习者进一步加深对空乘人员职业形象的理解和认识。本章定位于空乘人员的职业形象设计方面，讲解形象设计的基础知识，为后期的职业形象设计的学习打下良好的基础。

第一节
形象设计基础知识

  人物形象设计是一个整体工程，它体现在五官、皮肤、身材、体形等自然条件上，同时又可以通过发型、化妆、服饰等形象上的设计与包装，进一步将内在美与外在美完美地结合，体现人体美的整体性和协调性。形象体现的不仅是人的外貌上的美观，还需要考虑职业、年龄、身份、场合等因素，体现出与诸多因素相吻合、相适应的美感。

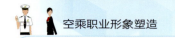

一、形象设计的概念与内容

（一）形象与形象设计

1.形象的含义

形象具有广义和狭义两种含义。广义的形象是指人和物，包括社会的、自然的环境和景物。狭义的形象则仅指人而言，指具体个人的形体、相貌、气质、行为以及思想品德所构成的综合整体。形象主要指一个人仪容、仪表的具体外在表现，可以是能引起人的思想或情感活动的具体外形或姿态，也可以是文艺作品中创造出来的生活情景，通常指文学作品中人物的精神面貌和性格特征。

（1）形与象两个字的构成　形包含形体、形状、形象和形态等；象是动物名，其意还有现象、表象、想象、具象、抽象、象征和象形等。由此可见，形象二字的含义十分丰富，形象是一种抽象的东西，它是对事物的形状、性质、状态抽象化了的概念，是一种与评价相关联的意识状态。同时，它又是具象化的，通过人的视觉等感官，确实地存在于现实之中，并可以经过打造和提升，不断地美化和发展。

（2）形象是内外兼修的　无论是面向群体还是个体，形象设计都不仅仅是指外在视觉形象的打造和包装，更强调的是表里一致，内外兼修。对群体而言，内指的是行业文化和发展理念等，外指的是积极向上的精神风貌和统一协调的整体形象；对个体而言，内指的是一个人内在的修养，丰富的学识、美好的心灵、优良的品质和高雅的品位等，外指的是通过运用专业知识和技巧使一个人的外形、容貌和装扮与其身份、年龄和职业等因素相符合，并与环境、场合等相适应，帮助其完善自我，建立自信，提升气质。

2.设计的定义

设计是设计师根据一定要求，有目的、有计划地进行技术性的创作和创意活动。也就是说，设计必须通过具体的操作实施才能完整表现，其目的是运用不同的手段表现新的形象。

3.形象设计的概念与内涵

形象设计是一个系统工程，是运用多种设计手段，根据不同的环境和客观因素，通过视觉冲击力造成视觉优化，从而引起美感和新的判断心理的视觉传达过程。形象设计的对象是人，是通过物质反映出人的精神活动。形象设计是一个整体的概念，其设计的对象面很广，既可以针对个体，也可以针对群体，从局部到整体进行全方位的塑造。

（二）形象设计的内容

人们在交际之初，"以貌取人""以衣饰看人"的心理是很难避免的，因对人的第一印象总是从外形的美观与否开始的，故此，外形最先影响人们的接受程度。形象设计作为一门新型的综合艺术学科，正走进我们的生活。无论是政界要人、企业家、明星等公众人物，还是普通的老百姓，都希望自己以良好的个人形象出现在公众面前。

本书中的外形美主要指的是人体外在形象的美，这种美具体表现在容貌美、形体美、神态美、服饰美和声音美等多个方面。因此，个体外在形象设计的基本内容包括以下几个方面：容貌、形体、服饰、行为举止和声音谈吐等。

1. 容貌

容貌也称相貌、容颜，主要是指一个人面部的轮廓、质感、气色，以及五官的形态结构，有时也将皮肤、头发、手掌、手臂等列入其中。容貌居于人体形象之首，是最为引人注目的部分。因此，容貌美是人体美最重要的组成部分，构成容貌美的因素，不仅体现在头发的色泽与质感、发型、脸形、肤色、五官的形态以及以上诸多因素的和谐统一，还体现在人的精神状态、气质风度等内在的修养上。一个身心健康、积极向上的人，其形象总是神采奕奕和容光焕发的。

2. 形体

形体指人的身形结构。在自然界里，人体结构是最完备、最协调、最富有生机和力量的。形体包括体形、肢干和皮肤等。形体是否美，主要取决于身体各部位是否发展得均衡、协调与外观整体上的和谐。

我国体育美学研究人员结合古今中外美学专家对人体健美的理解和我们中华民族体质和体形的现状，提出了人体美的九条基本标准：①骨骼发育正常，关节不显得粗大突出；②肌肉发达匀称，皮下有适度的脂肪；③头顶隆起、五官端正，与头部比例配合协调；④双肩平正对称，男宽女圆，脊柱正视垂直，侧视曲度正常；⑤胸廓隆起，正背面均略呈倒三角形，女子乳部丰满而不下垂，侧看有明显曲线；⑥女子腰略细而结实，微呈圆柱形，腹部扁平，男子有腹肌垒块隐现；⑦臀部圆满适度；⑧腿长，大腿线条柔和，小腿腓肠肌突出；⑨足弓较高。

3. 服饰

常言道："人靠衣装马靠鞍"，可见服饰对形象的重要程度。服饰指的是人在服装穿着，饰品佩戴和美容化妆三个方面的统一，有时也单指衣着穿戴。服饰是地域差异、民族习惯、社会风尚以及时代感等因素的综合体现。得体的服饰，可以修饰体形、提升气质，所以说服饰是人体的软雕塑。一个人的衣着打扮，在较大程度上反映出这个人的个性、爱好和职业特点，也在一定程度上体现人的文化素质、经济水平和社会地位。

4. 行为举止

行为举止是人的形象动态的体现，主要指人在空间内活动和变化时的动作，以及在日常生活中和社会交往中的形体姿态。行为举止是展示人的"内在美"的一个窗口，甚至比容貌、衣着打扮给他人留下的印象更为深刻。人的姿态包括静态和动态两种，如站姿、坐姿、走姿和手势等，主要通过脊柱弯曲的程度，四肢和手脚以及头颈部位来体现，姿态的正确优美与否，不仅体现人的外观形态，还能反映出一个人的气质与精神风貌。人在运动过程中的动作和形体变化，要与干净整洁、精神饱满的面貌，以及自然挺拔、端庄大方的外形相配合，才能体现出协调的整体美感，反之，则显得不协调、萎靡不振。

5. 声音谈吐

声音的美学效果是不言而喻的。形象设计除了研究人对音乐的感受，并通过这种感受来改善身心状态外，还很注重研究人自身发声所产生的美学效果。所以形象设计非常重视维护和重建人体发声器官及发声功能，并将声音列为仪态美的一个重要组成部分。

中国人讲究"听其言，观其行"，因此把声音、谈吐作为考查人品的重要内容之一。声音谈吐，能够反映出一个人良好的品德修养和文化水平，一个彬彬有礼的人，其声音谈吐也应该表现得文明高雅。形象设计也包括指导人们如何更好地运用人体的发声器官，维护发声功能，使人发出更好听的声音，更好地进行语言表达。在进行语声表达时，要做到语声轻柔、语意完整、语调亲切，语速适中，体现出较高的个人修养和品位。

二、形象设计的基本原则

图1-1　TPO法则——职业环境

形象设计的意图，就是要将人自身的优点最大限度地挖掘出来，并将所存在的缺点最大限度地弥补，以符合形象设计审美的艺术标准，塑造美观大方、协调统一的整体形象，满足人们的物质需要与精神需求。

（一）TPO法则

TPO是指时间（Time）、地点（Place）、场合（Occasion）（图1-1、图1-2），设计对象的穿着打扮都必须符合这些方面的要求。从"设计的指向应该是人"的思想出发，形象设计涉及与设计对象相关的各种因素，如职业特点、工作性质、生活环境和社交场合等一系列因素。形象设计的方式在不同的时间、地点和场合是不同的，体现的目的也不同。TPO法则的含义就是要求人们在穿着打扮时，首先应当兼顾时间、地点和目的的要求，并力求自己的穿着打扮与之协调一致，和谐匹配。

图1-2　TPO法则——个性化服装

（二）比例与尺度

形象设计最直接的目标，就是要使设计对象在形象上达到美的最佳效果，因此外形的美观是形象设计必然要强调的部分。

1. 人体美的标准

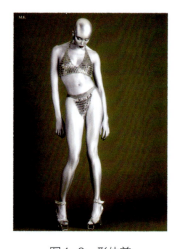

图1-3　形体美

人体美也可翻译为形体美（图1-3），指的是人的形体结构、姿态、色泽的美,这是人的自然美之一。人体美是人的重要的审美对象,能使人愉悦,提升自信。如今,文明的社会环境、美好的社会生活和长期的锻炼、保养,为人体的日益美化提供了更好的保障。

2. 关于比例

所谓比例,就是指事物的构成因素在部分与整体、部分与部分之间合乎一定数量的关系。比例即关系的规律,凡是正常状态的物体,其各部分的比例关系都是合乎常规的。比例恰当,就是匀称;而不恰当的比例关系,则会造成严重的比例失调,物体会出现畸形或不协调。我们赞美一个人通常说五官端正或是身材匀称,这些都体现了人体面部结构和身体结构合理的比例关系。空乘人员的选拔基础就是五官端正、身材匀称。

图1-4 黄金比例分割

黄金比例分割(图1-4)是世界上比较通用的美学比例分割法则,黄金分割具有严格的比例性、艺术性与和谐性,蕴藏着丰富的美学价值。黄金分割是一种数学上的比例关系,应用时一般取1∶1.618,这个比值在自然界和人们生活中到处可见,如人的肚脐是人体总长的黄金分割点,人的膝盖是肚脐到脚跟的黄金分割点。建筑师们对数字0.618都特别偏爱,无论是古埃及的金字塔,还是巴黎的圣母院,或是近世纪的法国埃菲尔铁塔,都有与0.618有关的数据。人们还发现,一些名画、雕塑、摄影作品的主题,大多在画面的0.618处。因此,符合黄金比例分割的结构,在比例的均衡与整体的和谐方面都更符合人们的审美标准。

3. 关于尺度

尺度指的是事物的量和质统一的界限,一般以量来体现质的标准(图1-5)。事物超过一定的量就会发生质变,达不到一定的量也不能成为某种质。例如在人的面部五官中,眼睛、鼻子和嘴巴是人们审美的重点,处于主要地位,而眉毛、耳朵则处于次要地位,如果一个人的眉毛修饰得过分或者是耳环大得夸张,就会给人以喧宾夺主的感觉,影响美观。

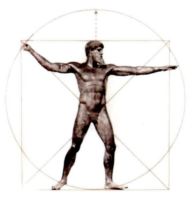

图1-5 人体美的尺度

形式美是事物外观形式的美，形式美的尺度，是指同一事物外观形式中整体与部分、部分与部分之间的大小、粗细和高低等因素恰如其分的比例关系，如果比例不符合一定的尺度，就显得不和谐，使人感到不美。匀称和黄金分割就是重要的尺度，一个人的穿着打扮也要适度，不宜过于夸张，也不宜过分张扬，更不能为突显个性而追求另类，如果打破了尺度，不仅不美，反而会适得其反，有损形象。比例与尺度在形象设计中的应用，就是要有效地改善人体各部分之间的比例关系，使其合乎适宜的尺度，最大化地增强美感，如通过发型改善脸形，通过化妆修正五官，通过服装改善形体和体形等。

（三）对称与均衡

1.关于对称

对称（图1-6）是指整体中的各部分依照实际的或者是假想的对称轴，在两侧形成同等的体量对应关系，使其具有稳定统一的美感。对称又分为静态对称和动态对称两种，静态对称有左右对称、上下对称和前后对称等，其中左右对称是基础，上下对称和前后对称其实是左右对称的移动。一切生物的常态几乎都是对称的，例如，我们看到的美丽的蝴蝶、蜻蜓等，把对称看作是美的，就是因为它体现了生命体的一种正常发育状态。人体在正常情况下，体形是左右对称的，以鼻梁为中心轴，双眉、双眼、双耳的间距和高低位置是均等的；行走时双脚前后移动，双臂前后摆动的幅度也是均等的。对称具有平衡稳定的特性，会使人的心理产生愉悦感；反之，残缺的、不对称的或者是变形的物体，则会让人不愉快。

2.关于均衡

均衡是从运动规律中升华的形式美法则，即对应的双方在形式上（如左右、上下）虽然不一定对称，但在分量上是均等的（图1-7）。均衡是静中有动的对称，是对称的一种变形，使作品形式在稳定中富于变化，显得更加生动活泼，产生动态的美感。例如，古希腊的艺术家认为人最优美的站立姿势，是把全身

图1-6　对称美

的重心落在一条腿上，而另一条腿放松，这样为了保持人体重心的稳定，整个身体就会自然而然地形成一种曲线美，我们在一些雕塑和绘画中能够看到这样的形式对称和均衡，是形象设计中经常运用到的法则。完美的面容都是对称的，但是现实中绝对对称的面容极少存在，因此，在形象设计中就要对脸形和五官进行矫正。人的发型设计以及端庄大方的服装打扮，也大多采用对称的原则，但过度讲究对称，会显得呆板、拘谨。因此，在某种程度上要打破对称，避免单调和刻板，就要多从均衡的对比关系方面考虑，创造出生动活泼的形象。例如，在空乘人员的发型上可采用斜刘海、侧分等形式，在服装上可通过口袋、切线、装饰物和面料花色的非对称形态，与基本形态相结合，从而增加变化和动感，使人物形象更加生动秀丽。

图1-7　均衡美

（四）多样与统一

多样与统一是形式美的最高法则，又称和谐。多样与统一体现了大自然中和人在生活中的矛盾对立统一现象，如形状有大小、方圆、长短、高低、曲直和正斜；性质有明暗、刚柔、粗细、强盛、轻重和润燥；形态有动静、抑扬、进退、聚散和浮沉等。这些对立因素在艺术形象上得到统一，就能够形成和谐的形式美。我们所处的世界乃至整个宇宙都是体现这一法则的丰富多变而又统一的整体。在单一中求变化，在变化中求对比，在对比中求协调，在协调中求统一，这样才能构成一个有机的整体，达到最高的表现形式。

多样与统一（图1-8）有两种基本类型：一种

图1-8　多样与统一

是对比，即各种对立因素并存形成的统一；另一种是调和，即各种非对立因素之间相联系的统一。在形象设计中，每个人的发型、妆容、造型、色彩和服饰等都会有一定差异，既要追求个性和风格上的变化，又要避免因各因素的杂乱堆积而失去统一性，因此要考虑各部分之间的内在联系，将其与整体形象统一起来，做到有所取舍，突出重点和主题，保持多样和统一之间的均衡关系，才能使设计对象趋于完美，体现整体形象的和谐美感。

三、形象设计的美学原理

形象设计是一门综合性的艺术，其设计对象主要是人，本质是为了塑造新的美好形象，其目的是运用不同的手段对人的形象进行美化和提升。在设计过程中，运用大胆的构想和丰富的设计手法，结合设计对象的身份、所处的环境和场合等客观因素，通过视觉冲击力形成视觉优化，使人的形象获得新的面貌，从而激发新的心理判断和美感。

（一）美学的含义

美学是一门古老而又年轻的学科，最初的意思是对感官的感受。爱美之心人皆有之，美是人们向往和追求的精神享受。因为人们所处的时代、地域、经济地位，以及思想素质、文化素质、生活水平和行为习俗等方面的不同，所以存在不同的审美观念，对美的感受也是不尽相同的。美具有时代感、民族性，甚至具有鲜明的主观性特征，因而，各个时代对美的需求与标准也是不一样的。

（二）对形象美的认知

美学以美为研究对象，形象设计美学的研究对象是形象美。人的形象美并不是单纯的，不同的人对形象美的见解也会各不相同。我国大众所欣赏的形象美，应该是富有特色的，符合中国人审美眼光的和被绝大多数人认可接受的"东方美"，而不是盲目地崇拜和跟风，更不能标新立异、只求个性和特色，要最大限度地做到求同存异，才能真正理解形象美的真谛。

1. 形象设计的容貌美

人的容貌美是一种客观现象，也是人们最重视的形象设计主题，因为脸庞是人际交往中最易被注视的部位，所以在形象设计中占主导地位。人容貌的形态、神情和气色之美主要由面部轮廓、五官形态和表情动态等客观条件和精神要素构成，对容貌美影响最突出的部分，按照影响程度的大小分别为眼睛、鼻子、嘴巴、眉毛和耳朵等部位。人在社会交往过程中，首先用目光注视对方，也正是因为人的容貌具有个体特性差异，才能成为被记忆和欣赏的主要依据。容貌也是人们对形象进行评价的主要内容，人们所用的"漂亮""帅气"等形容词，主要是用以形容容貌的。容貌美能够使人产生自信并获得他人一定的信任感。人的容貌是接收外界美感信息的主渠道，通过面部五官中的眼、耳、鼻、口四个感觉器官所产生的视觉、听觉、嗅觉和味觉，能够接收大自然中的绝大部分信息,产生受意识支配的、人类专属的美感效应。人的眼睛能看到美好的形象,耳朵能听到美好的声音,鼻子能嗅到醉人的芬芳,嘴巴能品尝到美味佳肴,这一切都能够引发美好的心灵感受。人的喜怒哀乐等多种情感以及各种欲望,都能够通过五官和面部表情进行表达和传递。

(1)脸形美的标准

世界各国均认为瓜子脸、鹅蛋脸是最美的脸形,我国用"三庭五眼"作为五官与脸形搭配的美学标准。从标准脸形的美学标准来看,面部长度与宽度的比例为 1.618∶1,也就是说,符合黄金分割比例的脸形才是最理想的。

(2)五官美的标准

① 眼睛美 容貌美的重点在于眼睛,眼睛被誉为美之窗;双眼对称,眼窝深浅适中,形态、结构、比例恰到好处,与面部协调;眼神清亮、眉目传情。

② 鼻子美 五官端正,重心在鼻,故而有颜中主之称;鼻长约为脸长 1/3 为最佳;鼻根宽度大约相当于一眼的宽度。

③ 耳廓美 双耳是容貌的配角,但功能和作用很重要;双耳形状需对称、大小要相同,其位置和形态的美能使得整体面容更加趋于和谐、完美。

④ 口唇美 神在双目,情在口唇,其重要性仅次于眼睛;唇形端正,上下唇协调对称、厚薄适中,唇的曲线、弧度优美流畅,上唇中间的下 1/3 部微向前翘。

⑤ 牙齿美 俗话说,牙齐三分美,牙齿美能为形象增魅力;牙齿整齐、洁白,上前牙大小形状与面形相适,静止状态时上前牙覆盖下前牙形的 1/3,微笑时露出上侧尖牙。

以上标准只是大致上的总结,对容貌美的评价应该是立体的、多视角的,要将静态美和动态美结合起来考量。容颜静态美主要体现在形态上的结构对称、比例得当以及搭配和谐等方面;容貌动态美往往会表现出更多魅力,主要通过眉毛、眼睛、下巴等部位做出的各种表情体现,其中,笑容是动态美的核心。微笑是反映人内心情感的最简单、最迷人的表情动态,对人的外貌美的衬托作用是最为明显的。微笑是容貌美最有代表性的动态表现,是一种愉悦的表达,也能引起观者愉悦的心理反应,是人类最具魅力的表情。微笑是空乘人员的基本功,想要做一个合格的空乘人员,首先就要学会露出发自内心的甜美可爱的微笑。微笑训练也是空乘人员养成训练中的重要一环。

2.形象设计的形体美与整体美

(1)形体美 形体美是指人的体形、躯干、四肢和皮肤等身体基本条件,在形态、结构、比例关系和质地等方面,与人的整体形象形成协调、和谐和优美的外观特征。形体美首先由先天条件所决定,除遗传因素外,又与后天的劳动锻炼以及一定的社会环境中形成的审美习惯有关。

在实际生活中,因年代、性别和民族等差异也不可能有一个固定不变的衡量标准,但就总体而言,形体美最基本的要求首先是要健康,即体格健全、肌肉发达、发育正常;其次是身体各部位要符合美学中形式美的原则,即各部分的比例要匀称。形体美包括躯干和四肢、体形和皮肤的美。躯干和四肢由颈部、肩部、背部、胸部、腰部、上肢和下肢等部位组成,它们的美主要是建立在各自部位正常的生理状态和生理功能上,躯干和四肢的美能显露出生命的活力。构成形体美的这些物质因素在先天条件的基础上，可以通过一定的体育锻炼和形体训练，塑造出较好的身材，修正不良的体态，如高低肩、含胸和驼背等，还可以通过服饰搭配，调整结构和比例，适当地掩盖体形上的缺陷，获得更好的形体外观。

人的皮肤是人体最大的器官，覆盖整个人体，由表皮和真皮组织构成，好的肤色以及干净、平滑、有弹性的肤质是形体美的重要条件。毛发是皮肤的附属，拥有一头健康、干净、漂亮而有光泽的秀发，也可以增加很多美感。

（2）整体美　人的头部、躯干和四肢组成的外部结构构成了人的身体。人体的外观受皮肤质地和肤色的影响。人的言谈、行为举止展现了人的风度。整体美是各部位有序的、完美的集合，人体美也包含外在美和内在美两个方面。外在美指的是身形、面容、言谈和举止的外在表现；内在美指的是人的道德品质、学识、修养和性格等内在素质。在穿着打扮和举手投足中，二者相辅相成，融合成人的形象的整体美，也是人的生命活力美的最高境界。

外在美主要通过仪容仪表来体现，可以运用相关手法和手段来提高，包括妆容设计、发型设计和服饰搭配等，使人获得较为理想的外观形象。

内在美主要通过仪态、体态、风度和气质来体现，言谈举止和举手投足无不体现出一个人的内在素质和修养。仪态、体态的美不仅要遵循美的规律锻炼和塑造，而且要注重自身道德品质、文化素质、艺术修养和性格气质的提高。因为人的外在仪态、体态和举止的美，在很大程度上是内在心灵美的自然流露。良好的言谈举止不是天生就有的，每个人都应积极主动地学习知识，配合相关的礼仪培训和形体训练，习得正确的举止姿态，纠正不良习惯，以达到自然美与修饰美的最佳结合。这样在任何场合中都能找到自信，以从容、得体的形象展现自我。

（三）培养审美能力

培养审美能力，首先要培养美感。美感就是对美的感知能力。感知是美感的出发点和源头，想象是美感的纽带和载体，情感是美感的媒介和动力，理解是美感的指导和归宿，而审美就是它们之间复杂交错的自由运动，是审美趣味的综合体现。美感是形象性、思想性和社会性的统一。人都有感知美的能力，但不是天生的，而是在社会实践中产生和发展起来的。不同时代、阶级、民族和地域的人，固然具有不同的美感。人与人之间，由于文化修养、个性特质的不同，而形成审美能力的差异。

1. 审美观的建立

审美观指的是人们在审美活动中评判美丑所持的一贯稳定的看法和态度。审美观是人的主观意识，是人们在头脑中对客观存在事物的具体反映。因此，客观现实中美的存在是审美观形成的物质基础，而社会实践则是人们形成正确审美观的必然过程。爱美是人类一种必然的心理状态，也是正常的心理状态。不同时代受不同文化主流的影响，每个历史时期的审美观也随着时代的不同而不同。不同的人，由于其文化层次和社会生活阅历不同，审美观也同样存在很大差异。

培养审美能力，关键是要建立正确的审美观。以此为基础，培养鉴别美、评价美和欣赏美的能力。任何美的事物一定都是内外形式的统一。此外，只看局部，不看整体，也不能正确把握美的实质。只有当局部与整体、形式与内容达到高度统一才是全面的、正确的和科学的审美，这就是整体审美观。基于整体审美观的要求，应该从整体的角度，对个体形象进行全方位的设计与包装，从发型、妆容、服饰、礼仪和个性气质等方面分别进行精心打造，从内在到外在，塑造出一个全新的、整体美的形象，这便是形象设计要达到的目的。

2. 审美标准

审美标准，是指衡量、评价审美对象的审美价值、存在意义和地位的相对固定的尺度。审美标准是审美意识的组成部分，它是在审美实践中形成、发展的，并且受一定社会历史条件、文化心理结构和特定对象审美特质制约，既具有主观性和相对性，又具有客观性和普遍性。真正的美是局部美和整体美之间形成的固有状态，以及内在美和外在美的高度一致。局部的美和整体的美要相得益彰，内在的美和外在的美要相互促进。人们在确定审美标准时，一定要关注内在和外在，兼顾局部和整体，只有各方面都达到较为理想的状态时，这种美才是恒久的、有吸引力和有生命力的。

3. 形象设计美感

形象设计美感的形成分为三个阶段：首先，美感始于直观，这是第一感受，通过直接感受设计对象的外形和状态，如头型发型、面貌五官、身材体形、言谈举止和年龄身份等感性因素，形成直觉；其次，根据个体形象的具体情况和自身的审美观念，进行想象和联想，形成对设计对象的理解和评价，这是审美主体和审美客体的情感互动过程；再次，通过理性的分析和判断，确立形象美的定位，并采用恰当的设计手段和化妆手法，对设计对象进行美的创造，使其达到理想化的形象标准；最后，呈现的结果越是完美，设计美感的升华程度越高，设计者和设计对象的心理满足感也就越强。

形象设计的构成，通常是将形象设计的内容划分为头部、面部、体态和仪态等部分，分别进行发型、妆容、服饰、体态的设计和塑造，最终将这些局部整合起来，结合时间、地点、环境和人物个性特征等因素，使之相互协调、相互配合，形成完整的、美好的个人形象。

形象设计美感，是体现审美趣味的关键，是审美主体欣赏、鉴别和评判美丑的特殊能力。审美趣味是以主观爱好的形式表现出来的对客观美的认识和评价，是个体在审美活动中表现出来的一种偏爱，它直接体现为人的审美选择和评价，它是人们自发的审美需要和自觉的审美意识结合形象设计的审美过程，是多种心理活动的综合过程。它通过对于设计对象的最初感知激发情感体验，进而引起联想和想象，最终进行审美创造，以满足设计对象和人们的审美需求，这一切都要遵循"美的规律"来把握和进行。审美趣味能左右人的审美感知和审美想象，影响人对形象美的判断和评价，并对审美创造产生至关重要的影响，在形象设计的实施过程中起主导作用。在形象设计中要考虑不同民族、不同层次、不同年龄和不同身份的美感，必须符合大众的审美趣味，才能得到广泛的认同。

本章小结

本章介绍了美学的基本知识,包括美学的含义、美的基本形态。重点介绍了关于形象美必须了解的几个重要方面,即容貌美、形体美和整体美等。讲述了美感、审美观和审美标准等基本知识。空乘人员是美的化身,要懂得美的原理、明确美的标准、掌握美的方法、提高审美能力、培养优雅的气质与风度,将内在的心灵美和外在的形象美结合起来,才能真正建立符合行业标准的完美形象。

思考与练习

1. 简述形象美的基本形态。
2. 简述美感的概念。
3. 根据形象设计美学的原理,结合自身现状,设定自身形象设计的目标。

第二节
空乘人员职业形象设计知识

一、职业形象设计的基本要素

职业形象设计的基本要素包括妆容设计、发型设计、服饰搭配、身体塑形四个重要的方面。

1. 妆容设计

妆容设计是最主要的要素之一。化妆是传统、简便的美容手段,是指根据个人形象的特点,运用化妆工具,对人物形象的美化。化妆在形象设计中起着重要的作用。当今的化妆美容与保健相结合的整体美化有了更多的内容。注重形象美化,体现妆容美化对展现自我美好形象的重要性,要做到高雅,自然,色彩协调、统一,根据不同的身份和场合,施以不同的妆容,并与服装、发式构成统一的整体,帮助展示自我,表现自我。由于职业的特点,空乘人员的妆容有较高的标准。清新自然、干净整洁是其职业妆的总体要求。一般来说,空乘人员的自身形象具有较好的先天条件,应该以化淡妆为主,不宜浓妆。

2. 发型设计

发型设计可以改善一个人的精神面貌。人们可以根据性别、年龄、职业、个性等，选择适合自己的发型式样和风格，很好地体现出自己的审美品位，从而提升整体形象。空乘人员由于工作特性的要求，其发型要求干净整洁、活泼干练，且兼顾服务行业的统一性特征。女性大多以盘发为主，较少有短发，更不允许散发；男性则以平头为主，或者是鬓角整齐的短发。

3. 服饰搭配

服装款式和造型在人物形象中占据着很大的视觉空间。因此，服饰搭配是形象设计中的重头戏。选择服装时，既要考虑款式、比例、颜色和材质，还要充分考虑视觉效果。视觉能使人产生心理、生理上的反应。服装能体现年龄、职业、性格、时代和民族等特征，同时也能充分展示这些特征。在当今社会，人们对服装的要求已不仅仅是干净整洁，而是更多地增加了审美因素。服装设计要因人而异，在款式上有 A 字形、V 字形、直线形和曲线形；在比例上有上紧下松、下紧上松；在类型上有传统的含蓄典雅型和现代的外露奔放型等。这些因素如果在形象设计中运用得当，设计合理，选择的服装不仅美观而且合体，并能产生扬长避短的效果，使人的体形在较大程度上得以改观。

饰品、配件的搭配和选择也很重要。饰品、配件的种类很多，头饰、首饰、胸饰、鞋子和包等都是人们在穿着服装时最常用的。由于每一类配饰所选择的材质和色泽的不同，设计出的造型也千姿百态，能恰到好处地点缀服饰和人物的整体造型。它们能使灰暗变明亮，使平凡增添韵味。但如果配饰件数和服装的款式、色彩、造型和风格不相适宜，不仅不能增加美感，有时还会适得其反，破坏整体美。因此，配饰的选择和佩戴能充分体现一个人的穿着品位和艺术修养。

4. 身体塑形

身体塑形也是形象设计中最重要的要素之一。良好的体形给形象设计师施展才华留下了空间，完美的体形固然要靠先天的遗传，但后天的塑造也是相当重要的。长期的健身护体，加上合理的饮食、有规律的生活方式，以及保持宽容豁达的性情和良好的心态，都有助于长久地保持良好的体形。

体形是很重要的因素，但不是唯一的因素，只有在其他诸多要素都达到和谐统一的情况下，才能获得完美的形象。空乘人员是航空公司的形象代言人，保持良好的体形，不仅可以获得良好的整体形象，也是做好服务工作的前提条件。因为空乘人员从事的工作任务比较重，需要健康的体魄和良好的耐受性。因此，强身健体是每一名空乘人员的必修课。安全、快捷、舒适是航空运输的最大特点，乘务工作是实现和体现这些特点的重要组成部分，同时也是航空运输中直接面对乘客的窗口。因此，空乘人员的仪表形象、言谈举止、服务技能等不仅仅代表着自身和航空公司，还代表着整个民航和国家的形象与尊严。因此，空乘形象设计是空乘人员所必备的职业素养。

健康靓丽、干净整洁、举止得体、仪态大方、态度亲切、待人真诚、手脚麻利、聪慧机敏和沉着干练等，是空乘人员职业形象的最高标准，也是当今乘客对空乘人员共有的心理期望。这些形象特征首先是通过精心设计的外观美,再加上内在素养才得以一步一步实现的。空乘人员在妆容、服饰和发型等外在装扮上的讲究永远是最重要的,这在空乘人员形象设计中处于很重要的地位,不可掉以轻心。良好的外形条件是空乘人员职业形象的基础条件,再兼具高尚的道德情操,以及丰富的学识和内在修养,空乘人员才能由内而外地散发出优雅气质。因此,空乘人员的职业形象既包含外观形象上的美,也包含内在气质的美,是一种综合美的体现。

二、空乘人员职业素养要求

空乘人员,是指飞机上的服务人员,常常被称作是美的化身。"空姐"给人的印象往往定格为:漂亮的外表、清新的装扮、美丽的脸蛋和甜甜的微笑。事实上,空乘服务是一种高标准、高质量的服务,而空乘人员则是提供这种优质服务的形象代表。空乘服务是航空公司的窗口性行业,空乘人员是各大航空公司一道亮丽的风景线。因此,空乘从业人员应该具备与该职业相适应的形象和气质,具体的要求是面容姣好、举止文雅、形象端庄大方,并有亲和力。

1.空乘人员的素养

"素养"指的是一个人的素质修养,它通过日常行为和习惯等方面体现出人在基本知识、技能、品格、智慧等方面的水平和造诣。素养是知识、能力、德行,以及对事业的执着追求等多种要素结合的品质,是平时的修养。修养指的是人在理论知识、思想内涵等方面的水平,以及平时养成的待人处事的正确态度,它能帮助人们获得更多成功。素质侧重行为和技能,修养侧重精神层面。素养是素质与修养的有效结合,是人的品格、智慧、行为习惯、心态、意志力和情感等方面的综合体现。空乘人员所从事的服务工作并不是简单的劳动,除了完成各项基本服务任务外,还要妥善处理各种突发事件。如面对特殊旅客、飞机延误等事件的态度,以及发生劫机、旅客突发急病等危急情况时的处理、救护等,都集中体现了空乘人员的品质与素养。

2.空乘人员良好气质的培养

大多数人会认为形象只是指人的外表,形象的美只是体现在外观上。其实,形象与气质是相辅相成的,没有良好的气质,外在条件再好也产生不了美感。形象与气质的美是由内而外散发的,是心灵美与外在条件的最佳结合。因此,不能忽视内在品质与素养的作用,要加强良好的行为与习惯、良好的性格与心态以及意志力等方面的培养,从而塑造良好的形象与气质。通俗地说,形象分为好看和不好看两种。长相、皮肤、身材等是天生的,先天条件好的人在服饰和装扮上有很多便利,但掌握形象设计和合理装扮的技巧可以改善先天条件的不足,使不好看的形象变得好看起来。通常人们把女性的气质简单地分为优雅和粗俗两种。其实,气质的类型是多种多样的,如有的人性格开朗、博学多才、风度潇洒大方,表现出聪慧的气质;有的人性格沉稳、谈吐不凡、风度温文尔雅,表现出高雅的气质;有的人性格直率、心直口快、风度豪放雄健,表现出粗犷的气质；有的人性格温柔、轻声细语、风度端庄秀丽，表现出恬静的气质等。各种气质均由每个人所处的不同环境及其心理素质、所受教育的不同或是长期的生活、工作习惯等因素所决定的。

无论哪种气质，都是以人的文化素养、文明程度、思想品质、人格取向、生活方式等为基础的，同时还要看其对生活的态度等。空乘人员在人们的心目中，从某种意义上讲，与影视演员、青春偶像的欣赏要求相似，要达到赏心悦目的标准。由于空乘人员属于服务行业的从业人员，光有漂亮的外表是不够的，必须具备良好的职业素质，良好的气质就是其中之一。对于空乘人员的良好气质，应定位为：优雅、大方、谦和、可亲，具体体现在甜美的微笑、亲切的话语、谦逊的态度和周到的服务等方面。优秀的空乘人员能将秀丽的外观形象和优雅大方的气质巧妙地结合起来，既赏心悦目，又能给乘客留下较为深刻的好印象，有时即便形象并不像影视演员那么美丽，其快捷周到的服务、富有亲和力的态度等换取到的赞赏，也会远远超过对形象的赞美，这就是空乘人员形象与气质的特殊性。它有别于单纯的视觉感官上的欣赏，能更好地满足服务对象的心理需求。形象是直观的，而气质则是要通过人与人之间的交往展现的，乘务人员的服务过程恰恰就是与人交往的过程。因此，对于空乘人员气质上的要求必然会更高。

对于空乘人员而言，和蔼可亲是最基本的气质，微笑服务是一种职业内涵的中心体现。对于从事较高层次服务的空乘人员而言，微笑是一种基本功。微笑服务绝不只是单纯地笑对旅客，而是让笑变成竭诚为旅客着想、贴心为旅客服务的职业化态度的标志。这种微笑，是真诚而发自内心的，见到旅客要像见到亲人一般，通过微笑和旅客产生心与心的交流，使旅客有无法比拟的亲切感。

3.个性与心理的塑造

高尚的品质、健康的心理和充分的自信，再配以服饰效果，是人们走向事业成功的第一步。在进行个人形象的全方位包装和设计时，要考虑一个重要的因素，即个性要素。心理素质的塑造十分重要。空乘服务是服务行业的标杆，要求其从业人员具有高尚的职业道德和良好的心理素质，还要有团队合作精神。工作中要有亲和力，不仅要有耐心，还要有细心、恒心和爱心，认真对待每一个工作环节和每一位旅客，当服务对象有要求时要做到随叫随到；遇到航班延误或是飞行途中延时，要做好旅客的心理疏导；遇到突发紧急情况，要沉着冷静，从容应对，迅速配合机组人员做好处置工作。

空乘人员需要拥有良好的个性。因为他们所面对的是活生生的人，拥有良好的个性，有利于与服务对象之间建立良好的合作关系。个人对于现实的稳定态度以及相应的习惯行为方式，构成了一个人特有的性格特征，也就是个性。人的性格是多种多样的，且男女有别。男性的性格特征更多地偏向于意志型或是理智与意志的混合型，偏向于独立型和外倾型。其中，意志型和理智与意志的混合型特征较多。因此，男性大多目标明确，行为比较主动，能进行冷静的思考，喜欢独立思考，比较善于交际。他们的心理表现有自信、独立、果断、坚定、主动、好奇和好动等心理特征。男性的精神特征比较明显，但是如果缺乏引导，就容易狂妄自大、骄傲自满、盲目乐观、狂热冲动。女性则容易被情绪所左右，易感情用事，但是有时也能用理智来控制情感、支配行动。因此，女性心理表现中的踏实好学、耐心细致，感情丰富、持久，性格顺从，为人谦虚与亲和等特征比较明显，但是意志力和独立性较差，如果缺乏引导，容易优柔寡断、缺乏主见或盲目服从。

空乘人员由于其行业的特殊性，拥有复合型性格较为理想。上述性格中的优点综合于一身，能像男性那样遇事果断、反应迅速，又能像女性那样沉静、善解人意，遇事能理智地思考、克制冲动。工作中乐观、有创意、有干劲，又能细心细致、充满爱心等。做一名优秀的空乘人员的确标准很高，有志者要努力用高标准严格要求自己，尽量使自己的个性向健康的方向发展。

良好的个性也有利于建立良好的人际关系。空乘人员在从事劳动的过程中，需要与人建立良好的合作关系，包括上下级、同事间的合作，更重要的是在短暂的航行过程中，与旅客建立良好的合作和互动关系。这就需要热情主动、落落大方的脾气和性格，具备较好的沟通能力和表达能力，这样才能建立良好的人际关系。在空乘服务过程中，要做到友好地面对服务对象，倾听他们的需求，这是服务人员具有亲和力形象的最佳体现。在倾听旅客说话时，要面带微笑，身体略向前倾、目光与旅客亲切对视，态度温和，对旅客的询问要耐心解答。当旅客有不解和困惑情绪时，更要耐心询问和解释，做好应对工作。有时良好的倾听态度，能鼓励旅客更好地表达；良好的倾听艺术，能化解旅客之间的矛盾和不快。善于倾听，在旅客心中更能留下良好而深刻的印象。

4.耐受力和意志力

空乘服务工作的工作流程相对复杂。了解不同的机型和飞行服务知识，在高强度的服务工作之下，要经常接受各种考核，压力很大，尤其是飞远程距离的航线或者是航班长时间延误时，非常辛苦。这些因素对空乘人员耐受力的要求是很高的，这种耐受力表现出来的形象是不骄不躁，能够始终保持较为高涨的工作热情。在各国航空史上，都有发生空难和各种事故的记载，在灾难和事故发生的时刻，空乘人员的意志力受到严峻的考验。

5.文化艺术修养的提升

文化艺术修养是人综合素养的重要组成部分，也是个人能力的重要体现。文化艺术修养对一个人的情操、品格、气质以及审美眼光等有重要的影响。人的内在修养会转化为人的气质，并通过某些言行体现出来。有着良好修养的人，其气质上表现出态度诚恳、谈吐得当、举止大方和遵纪守时等特点；而修养较差的人则表现为虚情假意、出言不逊、举止粗俗和无所顾忌等特征。人与社会、人与环境、人与人之间是相互联系的，在社交中，一个人的谈吐举止与外在形象同等重要。良好的外在形象是建立在自身的文化修养基础之上的，而人的个性及心理素质则要靠深厚的文化修养来调节。只有具备了一定的文化艺术修养，才能使自身的形象更加丰满、完善。在形象设计中，如果将妆容设计、发型设计、身体塑形、服饰搭配比作硬件的话，那么个性与心理的塑造以及文化艺术修养的提升则是软件。硬件可以借助形象设计师的帮助来塑造和提升，而软件则需自身的不断学习和修炼。

本章小结

本章阐述了形象设计的概念、原则和要素，重点介绍了空乘人员形象与气质的特点以及必须具备的职业素养。一个合格的空乘人员，不仅仅要体现外部形象上的外观美，还要在服务过程中，通过对旅客的关爱和周到的服务行为，体现其职业操守、高尚的品质、完善的人格和全面的修养。空乘人员工作在民航服务的第一线，与乘客近距离接触，其形象气质影响着乘客对航空公司的第一印象，乘客对企业服务的评价结果是由其服务周到和贴心与否决定的。因此，空乘人员要通过举手投足间自然流露出来的气质与美感，体现内在的心灵美，给乘客以深刻美好的印象。空乘人员不可以只一味地关心自身形象是否高贵脱俗，而忽视了职业的要求与周围环境的和谐性、贴切性。只有当你心里有追求，眼里有美感，手里有技术时，才能真正树立起符合行业要求、适应职业特点和契合大众审美眼光的良好的空乘人员形象。

思考与练习

1. 简述空乘人员的职业素养。
2. 思考如何成为一名优秀的空乘人员。

第二章

空乘人员服饰搭配与气质表现

导读

通过人物的服装色彩搭配要符合所处的场合的搭配的基本原则，学习配饰的选择与搭配知识以及丝巾常见佩戴方法；了解服饰搭配的概念及其主要内容，根据服饰搭配的基本原则进行实操训练。

第一节
服饰搭配要领

一、服装色彩搭配

俗话说"人靠衣装，佛靠金装"。服饰搭配是一门大学问，擅长搭配的人往往给人的印象是高雅的、有品位的，而不懂搭配的人给人的印象则是邋遢的、无品位的。穿衣品位是一种生活态度，更是一种无形的智慧。

1.色彩的概念

色彩是一门独立的艺术，具有独立的艺术审美性，不同的色彩有着不同的启示作用和暗示力，用以表达内心的感受。我们要学会运用色彩，因为色彩是形态以外的另一个设计要素，是无可替代的信息传达方式和最富有吸引力的设计手段之一。

2.色彩的分类

我们的世界是丰富多彩的，我们周围也都被各种色彩所包围，每个事物都有属于它的色彩。一般色彩分为无彩色和有彩色两大类。

① 无彩色是指我们常见的黑、白、灰等不带颜色的色彩。

② 有彩色是指红、黄、蓝等带有颜色的色彩，其中，这三种颜色也被称为三原色。

3.色彩的三要素

色彩的三要素包括色相、明度和纯度（图2-1）。

（1）色相　色相指色彩本身所具有的面貌，能够比较确切地表示某种色彩色别的名称，也是区别于其他色彩的名称。

（2）明度　明度指色相的明暗程度，它包括同一色彩的色相差别，也包括不同色相自身所具有的明暗差异。怎样区分一种色彩的明暗程度呢？一种色彩加入的白色越多，明度越高；反之，加入黑色越多，明度越低。

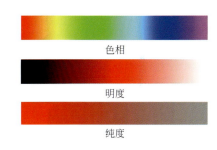

图2-1　色相、明度、纯度

（3）纯度　纯度指色彩的鲜艳程度、饱和程度，它是由色彩中含有其他色彩的多少决定的。一种色彩只要不加入其他色彩，就是高纯度的；只要加入了其他色彩，纯度就会降低。

4.色彩的属性

色彩分为冷色系和暖色系两大类（图2-2）。这是基于物理、生理、心理以及色彩本身的面貌，依赖于人的社会生活经验与联想所产生的感受，如黄色通常容易使人联想到太阳、火焰和钨丝灯等，这些东西都是会发热的，因此以黄色为主的颜色都被称为暖色；相反，对蓝色的联想大都是清凉的海洋、天空等，因此以蓝色为主的颜色被称为冷色。

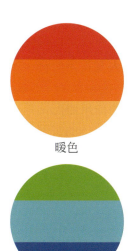

图2-2　色彩的冷暖

（1）色系搭配　在搭配时，我们一般都会以一种主色占到全身衣服面积的60%以上，辅助色占全身面积的40%以下，5%～15%的色彩是点缀色。

（2）肤色搭配　不同肤色的人穿着同样色彩的衣服给人的感觉是不一样的，因为色彩会给人的眼睛造成错觉。

① 皮肤白皙或肤色红润的人选择服装色彩的范围比较广。

② 皮肤黑的人不宜选择亮光修饰的黑衣服，会显得更黑，宜穿暖色调的弱饱和色衣着，可选择粉白、豆沙色、藏蓝色等，这些色彩会起到一种反衬的作用，使其肤色不显得突出；肤色灰暗者忌用咖啡色，色彩混浊的衣服会使人显得更加灰

暗，也不要穿大面积的深蓝色、深红色等色彩的衣服，宜选择干净明快的色彩；若肤色太红，要避免穿浅蓝色和淡绿色的衣服，因为色彩对比强烈，会使肤色显得发紫。

③ 面色偏黄的人群需要恰当地运用色彩的深浅和冷暖关系来衬托，使人的肤色在感觉上减少黄的成分。据此可选择紫红色、橘红色和粉绿色等以塑造健康、文静的形象，也适合穿蓝色或浅蓝色的上装，这样能衬托出皮肤的洁白娇嫩；要尽量少穿绿色或灰色调的衣服，宝蓝色或紫色的上衣也不合适。黑白两色的强烈对比很适合这类肤色，如深蓝、炭灰等沉实的色彩，以及深红、翠绿这些色彩也能很好地突出开朗的个性。此类人不适合穿茶绿、墨绿等颜色的衣服，因为与肤色的反差太大。

5.职场着装的三色原则

三色原则是指全身上下的衣着应当保持在三种色彩之内。三色原则是在国际经典商务礼仪规范中被强调的，男士在正式场合穿着西装时，全身色彩的色系必须限制在三种之内，否则就会显得不伦不类，有失庄重和保守。男子在社交场合选择的服饰，应当遵从三色原则，即西服套装，衬衫、领带、腰带、鞋袜一般不应超过三种色彩。从视觉上讲，服装的色彩在三种以内较好搭配，一旦超过了三种颜色，就会显得杂乱无章。女士在商务场合也并非一定要谨慎地黑白配。其实，适当的色彩提亮，一定会增色很多，而且不会丧失信任度。

6.服装与彩色妆容的搭配

（1）要为彩妆选择正确的色彩　要让彩妆和服饰有好的搭配效果，唇膏的颜色首选最好是与鞋子或者T恤同色，同种色系也会起到良好的搭配效果。为了避免色彩太过于明显，唇膏最好选择带一些亮度或者透亮的柔滑唇膏，不要选择不带亮感，粉雾质地的唇膏。

（2）彩妆的选择要看时间和场合　如果是晚上的场合，就要用较深的色彩来搭配，不容易出错，最少使用两种粉底，将粉底打得透明均匀，不应该用艳丽的颜色，尤其是冬天，通常要选择深沉一些的色彩打造冬日氛围。

（3）有点儿距离的彩妆配色具有美感　色彩搭配太相近会让人觉得不时尚，不善于搭配，配色带点儿距离会产生不一样的美感。

（4）彩妆搭配太过夸张反而累赘　时尚搭配中彩妆搭配起到的作用跟配饰是一样的，所以彩妆搭配好后，如果再配上一些太过于闪亮耀眼的配饰会让整体的搭配效果显得繁重，造型感立刻下降，时尚度会减分。

二、服装款式搭配

1.服装与体形的搭配

衣服穿着合身，是穿出美感的基础，根据自己的体形选择能够扬长避短的款式与之搭配。关于体形的分类方法有很多种，在这里选用比较直观的字母分类法，也就是将体形分为X、Y、A、H等类型（图2-3）。

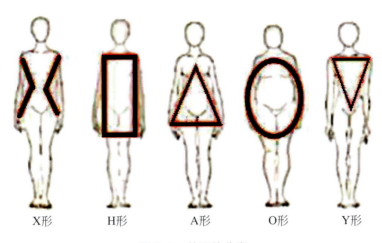

X形　　H形　　A形　　O形　　Y形

图2-3　体形的分类

（1）X形体形的人　这种体形俗称沙漏形，尤其对女性来说，这是经典的、理想的和标准的体形。其特征是以细腰平稳上下身，胸与臀几近等宽。匀称的体形是指身体各部分的长短、粗细合乎一定的比例，给人以协调、和谐的美感。由于匀称的体形是标准的体形，因此，这样的人身体曲线优美，无论穿哪种款、色的服饰都恰到好处，即使穿上最时髦、最大胆的时装，也不会显得出格。这样的体形往往具有浪漫、活泼、高雅的风度，造型生动活泼，寓庄重于浪漫之中，备受人们的喜爱。

（2）Y形体形的人　对于男子来说，这是最标准、最健美的体形。这种倒三角形的体形着装，可轻易地显示出男士潇洒、健美的风度。然而，Y形体形对于女性来说，并不是一种优美的体形，这种肩部宽、胸部大、过于丰满的体形，会使人显得矮，选择服饰时，上衣最好用暗灰色调或冷色调，使上身在视觉上显得小些，也可以利用饰物色彩强调来表现腰、臀和腿，避免别人的注意力集中到上部。上衣不宜选择艳色、暖色或亮色，也不宜选择前胸部有绣花、贴袋之类的彩色装饰。

（3）A形体形的人　这种体形俗称梨形。一般是胸部较平、窄肩、腰部较细、腹部突出、臀部过于丰满、大腿粗壮、下身重量相对集中，因此在整体上显得下部沉重。因此，服饰色彩的选用原则与Y形体形的人大致相反，下身可选用线条柔和、质地薄厚均匀、色彩纯实偏深的长裙，上下身服饰色彩反差不宜过小，这样就能避免别人的视线下移，造成体形上下不匀称的视觉效果。如果下身穿较暗、单一色彩的裙子，配以色彩明亮、鲜艳有膨胀感的上衣，就能得到收缩臀部扩大胸部的视觉效果，再加上领线处挂较大饰物以转移视线，就会使体形显得优美丰满。

（4）H形体形的人　这种体形的特征是上下一般宽，腰身线条起伏不明显，整体上缺少三围的曲线变化。着装可以通过调整下摆线上的色彩细节来转移对腰线的注意，同时，也可采用色彩对比较强的直向条纹连衣裙，加上一条深色宽皮带，由于对比强烈的直向线条造成的视觉偏差与深色的宽皮带造成的凝聚感，能消除没有腰身的感觉，从而给人以修长、洒脱、轻盈之感。在H形体形的人中，肥胖的人胸围、腰围、臀围等横向宽度都较大，因而服饰长度也应按比例相应地增加。全身细长的服饰款式能改变肥胖的视觉效果，给人以丰满、成熟、活泼的印象，尤其不宜在腰线处使用跳跃、强烈的色彩，以减少他人对腰部的注意。

（5）体形太肥胖的人　这种体形的人不宜穿色彩鲜艳的大花纹、横纹服饰，这样会导致视觉上体形偏向横宽的错觉。肥胖体形的人适宜穿深色、冷色小花纹和直线纹服饰以显清瘦一些；色彩上忌上身深、下身浅，这样会增加人体不稳定感。冬天，不宜穿浅色外衣；夏天，不宜穿暖色、艳色或太浅的裙子，因为这样会使人显得更肥胖。款式上切忌繁重，要力求简洁明了。过厚的面料会使人显得更沉重，而过薄的面料易暴露出肥胖的体形。

（6）体形太瘦高的人　这种体形的人宜穿浅色横纹或大方格、圆圈等服饰，以视错觉增加体形横宽感。同时选用红、橙、黄等暖色，不宜选择单一性冷色、暗色的服饰。

（7）体形太矮的人　体形太矮的人尽量少穿或不穿色彩过于浓重或纯黑色的服饰，应该挑选素净色和长条纹服饰。体形太矮的人，色彩搭配上要掌握两个基本要领：一是服饰色调以温和为佳，极深色与极浅色都不好；二是上下装的色调要相近且属同一色系，反差太大、对比强烈都不好。

（8）体形太大的人　这种体形的人不宜穿着色深且鲜艳的服饰，而且最好避免大花格布，应代之以小花隐纹面料，主要是为避免造成扩张感，以免使形体在视觉上显得更大。

（9）胸部偏小的女性　此种体形的人，除应选用质地轻薄、飘垂和宽松的上衣外，色调宜淡不宜深、宜暖不宜冷。若穿紧身衣装应用鲜色、轻松色的图案装饰。

（10）胸部过于丰满的女性　此种体形的人，宜穿宽松式或深色的上衣，选用冷色调且单一的色彩，这样可使胸部显小些，而且上装款式不宜繁重，以避免视觉停留。

2.服装款式的搭配原则

（1）整洁原则　干净整洁的原则是服装搭配最基本的要求。穿着整洁总能给人以积极向上的感觉，总是受欢迎的。在社交场合，人们往往通过衣着是否整洁大方来判断这个人对交往是否重视、是否文明、是否有修养等。整洁的原则并不意味着穿着高档，只要保持服饰干净合体、全身整齐有致便可。

（2）和谐原则　和谐原则指的是协调得体的原则，有两层含义：一是指着装应与自身体形相和谐；二是指着装应与年龄相符合。每个人的体形都各有特点，高矮胖瘦各不相同，不同体形的人着装也应有所区别。对于体形高大的人而言，在服装选择与搭配上，应注意服装款式不宜太过复杂。服装色彩宜选择深色、单色为好，太亮、太淡、太花的色彩都有扩张感。对于身材矮小的人而言，希望通过穿衣打扮拉长高度，故上衣不宜太长、太宽，裤子不宜太短，用提高腰线的方式达到整体显高的视觉效果；服装色彩宜稍淡、明快、柔和些为好，上下色彩一致可造成修长之感。

三、服装配饰基本要求

1.配饰的选择与搭配

配饰，亦称首饰、饰品，指人们在穿着打扮时用的装饰物，它们可以在服饰中起到画龙点睛和烘托主题的效果。在准备佩戴首饰时，应考虑并注意以下几方面。

（1）要考虑整体效果，搭配协调　　选择的装饰物要能与服装款式色彩相协调，提高饰物的适用功能。佩戴首饰的种类和形式多种多样，既要考虑人、环境，又要考虑整体的效果。协调一致的搭配、恰当的点缀，才能起到佩戴首饰的效果。

（2）要注意扬长避短、突出个性　　首饰的佩戴要注意照顾人体本身的因素，要与人的体形、发型、脸形、肤色及服装协调一致。

（3）要注意不同场合　　佩戴首饰，因首饰的质地、款式和形式要求不同，应与所处的环境、场合相适应，因此应采用不同的佩戴方式。

（4）注意佩戴首饰的季节性　　由于季节不同，对于饰物的质地、色彩、形式以及佩戴取舍的要求也不同。

（5）注意传统习惯　　佩戴首饰要注意各地的风俗习惯、传统观念。不同地区的人，对首饰的质地、色彩等有着不同的喜好。

（6）首饰要成套　　最好成套购买首饰，不要多而杂。

2. 根据肤色选择配饰

配饰要与肤色搭配。皮肤偏白的人，适合用浅色调、暖色调的配饰，如粉红色的石榴石和芙蓉石，因其可使皮肤显红润，使人富有生机和活力。皮肤偏黄的人宜佩戴暖色调的配饰，可选用红色、橘黄色、米黄色的宝石，如红宝石、石格石和黄玉等，可以使人的面部色彩宜人。皮肤偏红的人，应选择浅绿、茨蓝、紫色等一系列浅冷色系的珠宝配饰，以衬托出活力，减弱皮肤的红色调；不宜佩戴大红、大紫或亮蓝色的宝石，以免将脸色衬托得发紫。皮肤偏黑的人要突出自己皮肤的光泽，应该选择有光泽的配饰，会给人一种健康有活力的感觉；黑肤色的人不宜佩戴白色或粉色宝石，以免对比强烈而使皮肤显得更黑；黑肤色的人适用茶晶、黄玉等中间色调的宝石，可以起到淡化肤色的良好作用。

3. 根据服装选择配饰

配饰的选择应与服装的款式、质地、色彩相协调，提高饰物的适用功能，使配饰在整体服饰效果中起到画龙点睛、锦上添花的作用。例如，当服装的色彩过于单调和沉稳时，可利用色彩鲜明而多变的配饰提亮；当服装的色彩显得有些强烈和杂乱时，又可利用色彩单纯而含蓄的配饰来缓和。又如，职业装一般款式单调、缺乏新意，适合搭配款式简练、线条简洁、造型纤细、面板朴素的配饰，如精巧的小耳钉、精细的长项链、宝石胸针等；休闲装可以搭配随意性的现代配饰，比较适合搭配个性化或民族风格的配饰，甚至是设计独特、造型夸张、张扬个性的时尚配饰；晚礼服搭配货真价实的珠宝钻石配饰，会显得更高贵典雅，首饰的造型应该选择高贵典雅的，但此时的项链、戒指、耳环等闪亮的配饰切不要超过五件；飘逸、轻柔、细薄的夏季便服，不能用沉重的配饰搭配，以免破坏轻灵和飘逸的效果；穿着素色的便服不宜佩戴珠光宝气的项链，以具有自然特色的配饰链为好，比如绳编的、有小挂饰的装饰项链；钩织的服装，或者是网状露式的服装，配之以金色项链或者造型别致的配饰，可体现出着装精致、优雅的秀丽之美。

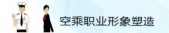

4. 根据季节选择配饰

除了钻石配饰和珍珠配饰一般不受季节的限制外，大多数配饰应与季节相搭配。戴配饰时，根据季节不同选取不同质地、色彩、形式的配饰，金色、深色配饰适用于冷季佩戴，银色、艳色配饰则适合暖季佩戴。一般而言，春季宜选翡翠、祖母绿、孔雀石等配饰，会令人精神愉悦而富有朝气；夏季适宜佩戴白色、透明色和蓝色的配饰，例如钻石、水晶、乳白色珍珠、蓝宝石、紫水晶等都会大显风采；秋季适宜佩戴黄色的宝石，如琥珀、玛瑙等会平添成熟之美；冬季适合佩戴金色、深色的配饰，如紫水晶、月光石等配饰会产生神秘之感。

第二节
空乘人员职业着装要求

民航乘务员作为高水准、高素质的服务行业的形象代表，统一规范的制服是其职业形象中最基本的要素之一。统一的制服不仅能展现航空公司的风格，同时也使旅客对乘务人员专业的服务技能产生信赖感和安全感。航空公司的制服风格往往直接表现出一家企业的文化与服务水准。空姐的制服在一定程度上，已经成为航空公司服务的一项重要竞争力。

一、民航乘务员工作制服着装要求

1. 合身得体

制服的尺寸必须符合乘务人员的身材特点。空乘人员必须充分了解自己身材的优势和特点，利用工作制服的款式、色彩装扮自己，扬长避短，达到美化自我的效果。制服穿着忌乱，必须合体。讲究"四长"，即袖至手腕、衣至虎口、裤至脚面、裙到膝盖。讲究"四围"，即领围以插入一指大小为宜，上衣的胸围、腰围及裤裙的臀围以插入一指的松紧为宜。

2. 干净整洁

空乘人员的制服应保持干净整洁，定期换洗。制服干净整洁体现的是对工作岗位的尊重与热爱，是服务行业人员最基本的要求。空乘人员的制服要求无异色、无异味、无异物，尤其是衣领口与袖口等外露部分更要注意保持干净整洁。一位对自己的制服是否干净都不在乎的乘务人员，一定不会有热情为乘客服务，也一定不是一位合格的空乘人员。

3. 熨烫挺括

空乘人员穿的制服必须是熨烫过或者没有褶皱的制服。制服清洗后应熨烫平整，穿着制服时，注意自己的动作幅度，不乱坐乱靠，穿过之后应用衣架挂好或者叠放整齐，存放过程中留意保持制服平整。

4. 完整规范

空乘人员穿着制服应保持完整，避免制服出现破损、开线和缺失纽扣等现象。空乘人员因为工作时全程一直站立，要保证整体装扮符合航空公司的要求。

现代社会中，优越的物质条件对人们的外在形象提出了更高的要求，服饰在很大程度上是一个人性格、身份、职业、文化背景和社会环境的外在体现，空乘人员在选择生活装时，要注意扬长避短、锦上添花，穿出自己的风格与个性。

二、女乘务人员制服穿着要求

1. 制服着装

女乘务人员着制服时，必须系好纽扣；穿衬衣时须扣好纽扣，将衬衣下摆系入裙子或裤子中；戴帽子时，帽子应戴在眉上方1～2指处；着大衣时必须系好纽扣，系好腰带；登机证佩戴在衬衣、制服、风衣的胸前侧，上机后摘掉；服务牌佩戴在制服左上侧；供餐服务时穿戴围裙，要保持围裙整洁。

2. 配饰要求

（1）项链　项链的质地要好，不能佩戴较大的，直径最好不超过5毫米，需佩戴在衬衣里面。

（2）耳饰　耳饰只允许一种样式，最好款式设计简单、样式保守。

（3）戒指　戒指设计要简单，宽度不超过5毫米。

（4）手表　手表的设计应是保守简单的，表带以及表盘以银色、金色的金属为主，为了准确对时，不能戴没有分针和秒针的艺术表。

（5）脚链　为了符合个人及组织乘客紧急撤离的要求，不允许佩戴脚链。

（6）丝巾　丝巾系在脖子上具有遮挡脖子的作用，一般情况下，制服是没有领子的，系一条丝巾就起到了很好的修饰作用，给人一种很正式的感觉。另外系一条花色的丝巾，能起到很好的点缀作用，迅速缓解狭小空间的压抑氛围。

3. 乘务人员配饰的基本原则

许多重要的场合着装需要得体，在许多正规的社交场合，首饰佩戴是否得体也是社交中的一部分，佩戴首饰要遵循八条原则。

（1）数量原则　首饰在数量上的搭配原则是越少越好，若一定要同时佩戴几件首饰，全身的首饰一定不要超过三件，并且要注意避免同类型的首饰重复佩戴。

（2）质地原则　不同材质的首饰，适合不同场合佩戴。通常在工作中和生活中不适合佩戴贵重的珠宝首饰，档次较高的饰品比较适合在正式且重要的社交场合佩戴。同时，在佩戴首饰时，尽量力求全身的首饰材质相同。如果是佩戴有镶嵌物的首饰，镶嵌的宝石也应与其他镶嵌物上的宝石一致，这样能够让整体看起来更加和谐统一。

（3）色彩原则　选择首饰佩戴时，应该保持身上的饰品同属一个色系。如果全身佩戴超过两件首饰时，应该考虑保持色相相似，主色调搭配一致。

（4）体形原则　首饰的佩戴也要与自身的形体条件搭配。佩戴首饰主要起到修饰和协调形体的作用，尽量做到扬长避短。因此，在佩戴首饰时，应该了解自身的优势和缺点，尽量佩戴饰品弥补，也就是我们所说的避短。

（5）身份原则　选择首饰佩戴时，应考虑首饰与身份互相协调搭配。主要是从年龄、性别、职业和工作氛围的角度考虑，所搭配的饰品也应该与这些因素相一致，而不能与整体风格偏离太多。

（6）季节原则　选择首饰佩戴时，应根据不同的季节选择不同颜色和材质的饰品。通常来说，在不同的季节所佩戴的首饰也不一样。比如，夏季更适合佩戴清凉鲜艳的颜色，而冬季比较适合佩戴暖色调的首饰，如金色、橘黄色等。

（7）习俗原则　选择首饰佩戴时，应根据民族的习俗佩戴。在我国有很多少数民族，每个民族佩戴首饰的习俗都不相同。因此，在某地某个民族佩戴饰品，应该了解该民族佩戴首饰的习惯和寓意。

（8）搭配原则　选择首饰佩戴时，应根据与服装相统一的原则。首饰的佩戴应与服装和整体形象搭配，因此，应该根据服装的风格、材质、颜色和款式选择首饰的风格和材质，尽量保持协调一致，使首饰与服装相互辉映。

三、男乘务人员制服穿着要求

1.制服着装

男乘务人员着制服时，必须系好纽扣，不能袒胸露背、高卷袖筒、挽起裤腿；着制服时，必须佩戴领带、肩章；衬衣需扣好纽扣，将衬衣下摆系入裤子中；裤子应熨烫平整，保持干净、整洁；皮鞋保持光亮；空中服务时可穿马甲；穿风衣大衣时，须扣好纽扣，系好腰带，佩戴手套、帽子；登机证佩戴在衬衣、制服、风衣的胸前侧，上机后摘掉；服务牌佩戴在制服左上侧。

2.着装注意事项

（1）避免制服开线、磨毛、磨破、破损、纽扣丢失的现象，制服一旦出现开线、破洞等情况，要立即修补或更换。

（2）穿着制服忌褶皱，要求上衣平整、裤线笔挺。为了防止制服产生褶皱，必须采取一些必要的措施。例如，洗后的制服要熨烫或上浆；穿前烫平，穿后应当挂好或叠好；穿制服时，不乱倚、乱靠、乱坐等。

3.男装配饰

通过反复训练，男性空乘人员要熟练掌握下面三种领带的打法。

① 小结　小结也叫普通结、单结平结（图2-4）。

第二章 空乘人员服饰搭配与气质表现

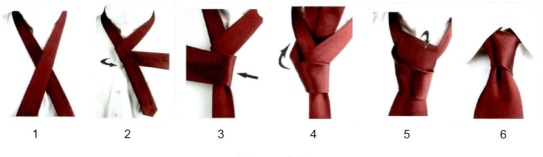

图2-4 小结

② 中结 中结也叫小温莎结或半温莎结，结的大小介于小结和大结之间（图2-5）。

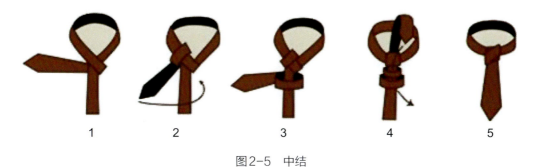

图2-5 中结

③ 大结 大结也叫温莎结，据说是英国著名的温莎公爵发明的系法（图2-6）。

图2-6 大结

027

实操案例

一、打领带训练（男乘务员）

通过反复训练，男性民航乘务员至少掌握单结、半温莎结和温莎结三种系领带的方式。

二、系丝巾训练（女乘务员）

通过反复训练，女性民航乘务员需快速熟练地掌握与航空公司制服相匹配的职业装丝巾系法。

三、乘务员工作装着装提速训练

通过反复训练，提高工作装着装速度。

训练方法：

两人一组，一人计时，训练工作装着装速度，并对对方在着装中出现的问题进行分析与解决。

对照镜子进行工作装着装整理。

分成若干小组，进行工作装着装比赛。

本章小结

本章介绍了色彩以及空乘职业着装的相关知识，包括职业着装的特点和基本要求，重点介绍了不同场合的着装和配饰佩戴的基本原则，以及服装和配饰搭配的注意事项。实训案例专门讲述了男性乘务员系领带以及女性乘务员系丝巾的方法，这些都是乘务人员必须了解和掌握的重要知识和技能。空乘人员的职业形象要求很高，学习者要注意形象美的整体性，从面容到服饰都要根据职业特点、工作性质和个人气质等进行设计和打造，并且要特别注意细节，才能真正塑造出符合空乘行业标准的完美形象。

思考与练习

1. 民航乘务人员佩戴首饰有哪些基本要求？

2. 根据自己的脸形、发型、体形、肤色和服装，选择在日常生活中适合自己的首饰。

3. 反复练习领带及丝巾的系结方法。

第三章
空乘人员职业形象塑造

导读

本章引导学生了解化妆品的常识、自身皮肤的构造、自己皮肤所属类型、正确的洁肤程序、皮肤的保养方法、发型设计和化妆技法，系统阐述了基本化妆手法各个步骤的内容，重点阐述了矫正化妆手法，并通过案例讲解，引导学生了解不同脸形、唇形、眉形的特点，掌握如何通过各种化妆技法矫正面部不足之处；学会盘发的基本方法，并能通过发型修饰脸形。通过层层环节，切实使学生掌握化妆要领，以适应各种化妆技法的要求，真正使他们能认识到自己的不足之处，恰到好处地美化、装扮自己。

第一节
皮肤的清洁与保养

皮肤是人体最大的器官，其重量约占总体重的16%，新生儿的皮肤面积为0.21平方米，成人的皮肤面积为1.5平方米～2平方米。皮肤厚度因人而异，不包括皮下组织时，通常皮肤厚度范围为0.5～4毫米。健康皮肤pH值为弱酸性，皮肤柔软、紧实，富有弹性。对于同一个人而言，眼睑皮肤最薄，足趾皮肤最厚，伸侧皮肤比屈侧皮肤厚；不同年龄段中，成年人皮肤较儿童和老年人厚。皮肤由表皮、真皮、皮下组织、皮肤附属器官（毛囊、皮脂腺、小汗腺、大汗腺及甲状腺）组成。此外，皮肤内还有丰富的血管、淋巴管、神经等。

一、皮肤的基本结构与功能

1.皮肤的基本结构

皮肤的基本结构（图3-1）主要由表皮、真皮和皮下组织三部分组成。皮肤中的水分是人体水分的15%～20%，不能少于10%，否则皮肤就会干燥、缺水、出现皱纹。表皮与真皮之间呈波浪形连接，以保持皮肤的弹性；当皮肤老化时，波浪形会消失，皮肤也会失去弹性，因而出现松弛和皱纹。

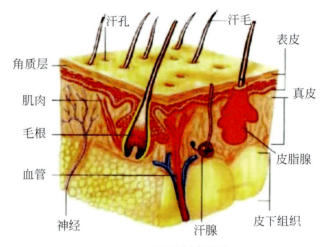

图3-1 皮肤的基本结构

（1）表皮层 表皮层位于皮肤最外一层，由无数圆柱形、多边形和扁平的细胞紧密连接而成，是肌肤的保护层。表皮细胞每隔12天分裂一次，新生的细胞自表皮的底面逐渐向上推移，经过28天左右到达表皮最外面并脱落下来。这个过程随着年龄的增长而逐渐变慢。

表皮细胞内含有无数黑色素颗粒，使皮肤着色。黑色素量少时皮肤的颜色浅白，较多时皮肤颜色黄褐，更多时则成黑褐色。这些黑色素是由皮肤内的黑色素细胞制造的，具有保护皮肤免受日光晒伤的功能。肤色白的人经不起强烈日晒，即是所含黑色素不足的缘故。

（2）真皮层 真皮层位于表皮下一层，是肌肤组织中最厚的一层，其厚度约为表皮的10倍。真皮层由富有弹力的胶原质和弹力组织两种纤维构成，随着年龄的增长，胶原质和弹力组织都会渐渐硬化直至退化，这样就会导致皱纹的形成。真皮层含有丰富的血管、淋巴管、神经、汗腺和毛囊，血液为皮肤提供营养，血液循环的好坏与皮肤的颜色有着密切的关系。血液供应充足，血流通畅，含氧量高，则肤色红润有生气；血液供应不足，则肤色苍白或萎黄；血液瘀滞，则肤色青紫。皮肤的衰老往往从真皮开始。

（3）皮下组织 皮下组织由大量的脂肪细胞和疏松的结缔组织构成，位于真皮下方，与真皮无明显的界限。除脂肪外，皮下组织也含有丰富的血管、淋巴管、神经、汗腺和毛囊。它是一个天然的缓冲垫，能缓冲外来压力，能够贮存能量，具有保温驱寒以及保护内部组织的作用。其厚度因体表部位、年龄、性别、内分泌、营养和健康状态等有明显差异。

2. 皮肤的主要功能

（1）保护与防御功能　皮肤最重要的生理作用就是保护作用。皮肤覆盖于人体表面，是人体的天然屏障，柔韧性好、耐摩擦，对外界较轻的冲击牵拉起保护作用，能够保护体内的器官，防止细菌侵入，抵御机械性、化学性、生物性损伤。皮肤表面呈酸性（pH为5.5），不利于细菌、病毒、真菌的繁殖，皮肤表层内有一层乙烷溶脂物质和水分乳化形式脂肪，既能保护和防止体内水分蒸发，又可防止外界水分渗入，还能抵御紫外线侵入皮肤内部。肌肤的吸收性很强，能将有益的、有害的物质不加辨别地一并吸收，因此在选择护肤品时，一定要选用纯净、健康、对身体无害的产品。

（2）外表显示功能　皮肤能显示人种、性别、情感及内部的健康状况。如受惊时，皮肤会变白；愤怒时，皮肤会转红；肝炎病患者皮肤会发黄。外界某些因素对皮肤不利时，机体可通过皮肤获得信息，如接触性皮炎等。另外，通过皮肤实验可知机体对某些疾病或药物的免疫状态。

（3）知觉功能　外界刺激作用于皮肤后，引起神经冲动，通过不同途径传达到中枢神经系统，产生触、冷、热、痛、压以及靠等感觉，还可以由不同感受器形成神经末梢的共同感知，经大脑综合分析后产生多种微妙的复合感觉，如潮湿、干燥、平滑、粗直、柔软及坚硬等。这些感觉，有的经过大脑判断其性质，做出有利于机体的反应，有的则引起相应的神经反射，以维护身体的健康。

（4）体温调节功能　在外界温度不断变化时，人体可以进行自主性调节。皮肤主要的调节形式是皮肤浅层血管的舒缩及汗液的蒸发。当外界温度升高时，皮肤内的血管扩张，血流量增加，从而加大热量的辐射面积，通过对流及传导作用使体温降低，同时汗液分泌量增加，带走较多热量；反之，当温度降低时，皮肤内的血管收缩，汗液分泌量减少。

（5）分泌排毒功能　皮肤内的皮脂腺分泌皮脂，使皮肤光滑并防止水分蒸发；汗腺分泌汗液，使皮肤湿润，毛孔张开后能排出毒素。

（6）吸收功能　皮肤对脂溶性物质吸收较好，对水溶性物质吸收较差，所以要随时给皮肤补充水分。表皮能吸收外界的多种物质，如水分及保养品；一般情况下，脂溶性物质易于透入皮肤被吸收，水溶性物质以及无机盐类一般不能透入皮肤。

① 皮肤的吸收过程。一般物质通过角质层细胞膜，进入角质细胞；少量水溶性、大分子物质通过毛孔、汗孔被吸收；少量营养物质通过表皮细胞间隙透入真皮。

② 影响皮肤吸收的因素。

角质层的薄厚：角质层越薄，营养成分越容易渗入被吸收；

皮肤含水量多少：含水量越多，吸收能力越强；

毛孔状态：毛孔张开时，吸收能力强；

局部皮肤温度：局部皮肤温度越高，毛孔张开越大，营养成分越容易被吸收。因此，通过按摩、热敷和蒸汽等手段使局部皮肤温度增高，吸收力也会增强。

③ 皮肤的吸收能力。皮肤易吸收脂溶性物质，不易吸收水溶性物质。皮肤对油脂的吸收能力从强到弱依次为动物油→植物油→矿物油；对某些金属，如铅、汞等有一定的吸收能力，量多会造成蓄积中毒，诱发黑斑、皮炎等。

（7）自我呼吸功能　皮肤呼吸相当于肺部的1%，它有很好的通透性。皮肤的呼吸功能为皮肤活动的原动力，皮肤最旺盛的活动时间为晚上十一点到次日凌晨两点，在此期间保证良好的睡眠对养颜护肤有很大好处。皮肤的呼吸功能取决于汗腺的分泌状况，分泌量越多，气体代谢也越旺盛。在高温或强体力劳动时，通过皮肤的气体代谢量可为肺代谢量的15%～20%。

（8）代谢功能　皮肤对水分和电解质及其他代谢物有排泄作用，主要通过汗腺的分泌进行。人体在常温下每天可分泌汗液400～600毫升，当外界温度升高时，可达上述数量的数倍到数十倍，这不仅使人体丧失了很多水分，而且还伴有许多电解质（如钠、钾、氯、钙、镁等）以及其他代谢物的流失。当人体肾功能、肝功能不全时，皮肤的排泄功能还可以增强，排泄毒物还会增多。皮肤生长需要营养，如氧气、水、维生素、脂肪、糖、蛋白质及其他微量元素。血液循环能供给皮肤所需的营养和水分。皮肤参与整个机体内的糖、蛋白质、水和电解质等的新陈代谢过程，以维持机体内外的生理需求的平衡。

二、皮肤的类型与护理

（一）皮肤的类型

皮肤根据皮脂腺分泌的油脂和汗腺分泌的汗液之间的比例多少可分为干性皮肤、油性皮肤、中性皮肤、混合性皮肤和敏感性皮肤。

1. 干性皮肤的特点

干性皮肤看上去很细腻，毛孔不明显，不会感觉油腻。干性皮肤的pH值为5.5～6.0，由于角质层水分低于10%，皮脂分泌少，所以会出现干燥、细纹等问题，这些皮肤问题主要是由皮肤表层缺少水分，表皮细胞间的细胞间质结构不完整，皮脂腺分泌不足所致。

2. 中性皮肤的特点

中性皮肤不干不油，肤质适中，红润、白皙，纹理细腻。中性皮肤是最完美的一种皮肤，肌肤状况稳定，通常14岁以下发育前的少女居多。年轻人尤其青春期过后仍然保持中性皮肤的很少，这种皮肤一般夏季略偏油，冬季易偏干。

3. 油性皮肤的特点

油性皮肤的人的显著特点是满脸油光，主要是由于皮脂腺分泌过量油脂造成的。通常青春期肌肤会偏油，熬夜以及压力大也会使皮肤偏油。这种肤质的毛孔显粗大，皮肤显得粗糙，皮脂分泌过盛，使污垢易附着在皮肤表面而形成粉刺。

4. 混合性皮肤的特点

面部同时存在两种不同皮肤状态的混合性皮肤，主要表现在T区等偏面部中央处的油脂分泌较多，毛孔也显得粗大，容易长粉刺、暗疮，显现偏油性的皮肤状态；而脸颊等部位较为干燥，显现偏干性的皮肤状态。混合性皮肤的特性会随着季节而变化，春夏季易混合偏油，秋冬季易混合偏干。

5. 敏感性皮肤的特点

易敏感的皮肤，属于一种问题性皮肤，任何肤质中都可能有敏感性皮肤。这类皮肤十分容易受环境因素、季节变化及护肤品的刺激而导致皮肤过敏。

（二）不同类型皮肤的护理

1. 干性皮肤

干性肤质（图3-2）通常分为干性缺水和干性缺油两种。缺水性皮肤的皮脂分泌正常，但由于护理不当等造成肌肤严重缺水，肌肤内部水分与皮脂失去平衡，刺激皮脂分泌增加，造成一种"外油内干"的状况。缺油性皮肤皮脂分泌较少，肌肤不能及时、充分地锁住水分，单纯补水只会造成补得快，蒸发得也快，即越补越干的状况。

图3-2 干性皮肤

（1）护理要点　干性肤质洁肤首先要选质地温和的洁面乳或洗面奶，切勿洗掉过多的油脂，最好用冷水洗脸，之后选择护肤品时不能只考虑补水的产品，还要考虑适当补充油脂，化妆水应选择滋润型，配合使用保湿乳或保湿霜，以帮助肌肤锁住水分。其次，要多喝水，多吃水果和蔬菜，多做运动与按摩护理，促进血液循环，不要过于频繁地沐浴及过度使用洁面乳，注意补充肌肤水分与营养成分、调节水油平衡。过度使用洁面皂、爽肤水会让干性皮肤更加干燥。阳光的强度、空调的使用对这类皮肤影响非常大。

（2）护理注意事项

① 用化妆棉片蘸取眼唇卸妆产品轻扫眼部，清洁眼妆。

② 难以清除的睫毛膏常常在睫毛根部堆积，可用棉签沾上卸妆乳或卸妆油清除。清洁时，棉签尽量靠近睫毛根部，但要特别小心，避免卸妆产品进入眼睛。

③ 用乳状的洁面产品，在面部由下至上打圈清洁。动作要轻柔，以免过度的推拉会加重皱纹。

④ 用温水洗脸，清除洁面乳的同时还能让皮肤感到清新，令肤色显得更加明亮，洗脸后用保湿化妆水轻按皮肤，让皮肤充分吸收水分。

⑤ 涂保湿霜是干性皮肤护理最重要的一步，最好使用质地略厚重、锁水功能较强的乳霜产品。涂完之后，等待几分钟，让皮肤吸收，然后再化妆。

⑥ 四季使用含UV指数的隔离霜。不要忽视秋冬的阳光，为免被紫外线直接照射皮肤而使其更干燥，外出时务必涂上含SPF25以上的防晒霜。

⑦ 每周最少做两次补水面膜。

⑧ 谢绝含咖啡因的饮料，多吃含维生素A的食物，如牛奶、香蕉和胡萝卜等，会带给皮肤柔软滋润的效果。

2. 中性皮肤

中性皮肤（图3-3）通常皮肤状况良好，很容易让人疏忽对皮肤的保养。但随着季节的转换、紫外线过度的照射及年龄的增长，如果没有适当地保护，仍然会形成斑点或提前产生皱纹。

中性肤质的洁肤同干性肤质类似，除日常清洁外，每天保养护肤非常重要，注意清洁、爽肤、润肤以及按摩等皮肤护理。注意补水，调节水油平衡。在保养品的选择上，配合季节与年龄，以滋润为主，若皮肤缺少油分，要适当补充油分，注意过油会造成毛孔堵塞。

（1）护理要点　中性皮肤护理的关键点是保持水油平衡。

（2）护理注意事项

① 针对中性皮肤的卸妆产品选择比较宽泛，眼部选择眉眼唇卸妆产品，脸部选择油类、乳类、膏类卸妆产品均可。

② 洁面时可按摩皮肤1分钟以内，以增强血液循环，使肤色更亮丽。

③ 用温水洁肤后，将化妆水轻轻拍入肌肤的表层。不要揉搓皮肤，尤其是眼部，以免给皱纹的产生埋下隐患。

④ 将保湿乳液涂于面部，用指尖以打圈的方式轻轻按摩，保湿同时又能帮助上妆。

⑤ 使用爽肤水，注意避开眼部周围。

图3-3　中性皮肤

3. 油性皮肤

油性皮肤（图3-4）对于肌肤出油的状况，如果只注重控油、吸油，而不补充水分，那么皮肤就会不断分泌更多油脂以补充流失的油脂，形成越控越油的恶性循环。清洁、去角质可以清除多余油脂，但是降低油脂分泌是根本，要做到这一点，就要保存皮肤内的水分，同时也不会增加油脂的负担。

油性肤质要随时保持皮肤的洁净清爽，少吃刺激性食物，多吃含有维生

图3-4　油性皮肤

素的食物以增加肌肤抵抗力,注意补水及皮肤的深层清洁,控制油脂的过度分泌,调节皮肤的水油平衡。白天用温水洁肤,选用适合油性皮肤的洁肤产品,保持毛孔的畅通和皮肤的清洁;是护肤宜使用油分较少、清爽型、抑制皮脂分泌、收缩作用较强的护肤品,质地清爽无油型是最佳选择。

(1)护理要点　选择无皂基泡沫类的洁面产品,轻柔地按摩,然后温水洗净。

(2)护理注意事项

① 使用爽肤水可收缩毛孔,又可补充皮肤的水分,同时对油脂分泌过剩、毛孔粗大的油性皮肤还有抑制油脂分泌、消炎等作用。

② 油性皮肤也需要保湿,适宜选用质地清爽的水状乳。

③ 深层清洁面膜与保湿面膜交替使用,深层清洁面膜有去污控油的作用,使用后隔天使用补水面膜补充水分。

4. 混合性皮肤

对于两种性质共存的混合性肤质来说,需要平衡T区和脸颊的不同保养需求,针对不同的部位区别对待:容易干燥的部位注重保湿,偏油的部位选择清爽、控油的护肤品。

混合性皮肤(图3-5),偏油性和偏干性部位要分别侧重处理,在使用护肤品时,先滋润较干的部位,再在其他部位用剩余量擦拭,补水、调节皮肤的水油平衡。洁肤注重T字形区的清洁。

(1)护理要点　用眉眼唇卸妆液卸除眼妆,脸部用卸妆油或卸妆乳卸妆。

(2)护理注意事项

① 洁面用无皂基泡沫洁面产品,着重在出油的部位轻轻按摩,冲洗干净。

② 针对不同部位,使用两种不同的柔肤水。有爽肤作用的化妆水轻拍在T字区附近,将保湿滋润的柔肤水用棉片涂抹在较为干燥的两颊。

③ 在干燥的季节里,整个脸部都要使用保湿乳液,尤其是两颊部位,可以着重涂抹,然后再用纸巾擦去油性部位的多余乳液。

特点:
脸颊呈现中性或干性皮肤特征;
主要出油在T字区

图3-5　混合性皮肤

5. 敏感性皮肤

对于易敏感的皮肤,首先要注重保湿,增加皮肤含水量,从而提高皮肤的屏障功能,皮肤抵抗力如果增加,就能阻隔外界物质对皮肤的刺激。敏感性皮肤(图3-6)要经常对皮肤进行保养,洗脸时水不能过热或过冷,要使用温和的洁肤产品进行洁面。白天要使用防晒产品,以避免日光伤害皮肤,减少紫

特点:
易过敏、红肿、皮肤薄、湿疹、泛红

图3-6　敏感性皮肤

外线照射皮肤导致过敏；晚上可以使用营养型的护肤品增加皮肤的水分。

避免食用容易引起过敏的食物。选用任何护肤品在第一次使用前，都应进行适应性试用，在无过敏反应的情况下才可全脸使用。切忌使用劣质或过期的护肤品，注意不要频繁更换化妆品和同时使用多种护肤品。香料过多或过酸过碱的护肤品都不能使用，应多选用温和的化妆品。

（1）护理要点　注意选择不含香料的护肤品，含酒精和果酸成分的产品对皮肤刺激大，对敏感性肌肤无疑雪上加霜，绝不能使用深层清洁的磨砂膏和去角质霜，它们都会加重过敏情况。

（2）护理注意事项

① 在保湿、高水分的范围内挑选护肤品和彩妆品，干燥会加重皮肤的敏感状况。使用柔和的眼部卸妆乳。

② 一般的洁面产品容易带走水分和油分。最好选用柔和、保湿的洁面产品。

③ 洁面后立即用毛巾按一按脸上的水分，防止蒸发。

④ 选用温和的保湿霜，不但能补充水分，更能阻隔外界的部分敏感源。

⑤ 选用抗敏感的保湿面膜，以及专为敏感皮肤设计的精华素。

三、皮肤的日常护理与保养

化妆是为了美化容貌，但美的容貌不能完全依赖于化妆，更不能一味地追求化妆所产生的美感而忽视了皮肤本身的美和健康。对皮肤进行正确护理和保养，会使人们在通过化妆美化容貌的同时又拥有健康而漂亮的肌肤。化妆前的常规护理程序，即清洁和护肤，是每个女性每天都要做的日常护理程序，细心做好每天的日常护理以及定期做好皮肤的保养才能拥有完美的肌肤。

（一）皮肤日常护理程序

1. 早晨皮肤护理程序

早晨皮肤护理程序：洁肤—爽肤—保湿—滋润—隔离。

（1）洁肤　选择适合自己肤质的洁面产品清洁皮肤。

（2）爽肤　干性皮肤选用柔肤水，油性皮肤选用控油的爽肤水，爽肤有补充水分及收缩毛孔的功效。

（3）保湿　主要是给面部皮肤补充保湿因子，无论任何肤质，任何肤色，最重要的都是让它充满水分。

（4）滋润　白天选择质地清爽的产品以减轻肌肤负担，保持皮肤毛孔畅通。

（5）隔离　隔离就像一层透明的保护膜，在化妆前涂，防止皮肤水分流失，同时防止彩妆和紫外线及阳光照射对皮肤造成伤害，也能提高粉底的附着力。

2. 晚间皮肤护理程序

晚间皮肤护理程序：卸妆—洁肤—爽肤—保湿—滋润。

晚间护理程序和早晨的护理程序基本相同，只是在洁肤之前多了一步——卸妆，卸妆可以让肌肤回归最佳状态，夜间是皮肤进行自我养护的时间，要选用保湿与营养的护肤品修护皮肤。清洁的主要目的就是清除皮肤上的污垢，包括皮肤污垢与彩妆污垢，以及空气中的尘埃。洁肤是护肤的第一步，保持汗腺和皮脂腺分泌畅通，促进皮肤的新陈代谢，保持皮肤活力。

我们脸上的污垢可以分为水溶性和油溶性两种。在普通洁面过程中，皮脂、汗液及老化的角质等可随着水与洁面产品一起洗掉，但是粉底等残留于毛孔深处的污垢，如果不利用油分的透析力将其渗出，长期下去就会阻塞毛孔，产生痘痘及粉刺。这种油性污垢必须用卸妆产品才能清除，否则长期下去会令局部肌肤出现色素沉积。

（1）卸妆步骤

① 眼唇部的卸妆（图3-7）。眼部、唇部皮肤脆弱敏感，要使用眼唇卸妆产品，卸除眼、唇部位彩妆时，手法要轻柔。

图3-7 眼唇部卸妆

①按压　②涂抹　③乳化（重要）　④冲洗

图3-8　面部卸妆

② 卸除脸部彩妆（图3-8）。脸部卸妆主要是卸除粉底等底妆，选用卸妆油、卸妆乳等进行卸妆，按照"脸颊—鼻翼—额头—下颚"的顺序，以指腹从脸颊部位以螺旋方式轻轻揉开。注意鼻翼两侧用指腹按摩清洁彻底，然后再用温水清洗。

（2）洁面　面部皮肤常暴露在外，皮肤上很容易附着一些对皮肤有害的尘埃、致敏物和细菌等物质，再加上皮肤自身的一些代谢物，这些都会影响皮肤的健康。如果在化妆前不将皮肤清洁干净，皮肤上的众多附着物会与化妆品混合在一起，牢牢地覆盖在皮肤表面，给皮肤造成严重损伤，这也是很多皮肤问题的诱因。

清洁时各个部位按顺序进行，一般面部清洁的顺序是：下巴→口周→面颊→鼻子→眼周→额头。清洁后，先用纸巾将浮在面部的清洁液或洗面奶擦净，然后再用湿棉片或湿毛巾将面部擦干净。

做好卸妆工作对于化妆皮肤的健康非常重要。由于化妆是借助化妆品在皮肤表面的附着来实现的，而彩妆品都具有较强的遮盖作用，长期使用会影响皮肤正常的呼吸和排泄等功能，所以化妆后要及时、彻底地卸妆，才不会损害到皮肤。在卸妆过程中，卸妆不彻底、卸妆方法不正确或力度过大等也会影响皮肤的健康。

（3）卸妆时应注意的两个问题

① 卸妆时要正确选择卸妆用品。常用的卸妆用品有卸妆油、卸妆乳和卸妆液等。卸妆用品用于彩妆的清除，其中所含的成分可充分溶解皮肤上的化妆品。

② 卸妆时应从局部到整体按顺序进行，这样可使面部的一些细小部位不致被遗漏，使卸妆较为彻底。各部位卸妆的顺序为：睫毛→眼线→眼影→眉→嘴唇→整个面部。清洗时应注意手部的力度适中，卸妆要彻底，如发现哪个部位卸妆不彻底，要重复清洁直至洗干净为止，防止因为彩妆残留造成面部长痘、长斑。

（二）皮肤的日常保养

1.正确合理地选择化妆用品

化妆品的选择主要依据皮肤的类型，如油性皮肤要选择油分含量低的化妆用品，而干性皮肤要选择水分含量高的化妆用品。选择化妆品时还应考虑季节因素，如在闷热潮湿的季节，应选择比平日所使用的化妆品更清爽一些的；而在寒冷干燥的季节，要选择比平时所使用的化妆品油分含量更高一些、保湿性更强的化妆品。除此之外，要将年龄、环境等因素考虑进去。总之，在选择化妆品时，考虑得越全面，对皮肤的健康越有益。

2.做好润肤工作

所谓润肤是指在清洁后的皮肤上涂抹与肤质相适应的营养液和润肤霜，使皮肤得到滋润的过程。化妆前的润肤对保护皮肤起着很重要的作用，经常化妆的人更应重视。因为认真、细致的润肤可使皮肤得到充分的滋润和保护，可降低化妆品对皮肤的损害，尤其是在化妆前更要做好润肤工作，这样可以在皮肤和化妆品之间筑起一道安全防线，所以润肤要仔细认真，不能马虎。

3. 控制带妆时间

带妆时间过长会影响皮肤的呼吸和排泄功能，损害皮肤健康，这一点油性皮肤、敏感性皮肤的人更需特别注意。带妆时间最好不超过6个小时，如遇特殊情况需长时间带妆，也要在化妆后6个小时左右设法卸妆让皮肤休息一下，然后再化妆。

4. 彻底卸妆

夜间11时至次日凌晨2时这段时间，皮肤细胞新陈代谢最为活跃，是皮肤最佳的修复期。如果此时皮肤处于带妆状态，会对皮肤造成严重损害。因此，就寝前一定要彻底卸妆。

5. 适当按摩

运用规范的按摩手法能够有效地减少皱纹产生。适当的面部按摩（图3-9、图3-10）

图3-9　面部按摩手法1

可以增进血液循环，给皮肤组织补充营养，增加氧气的输送，促进细胞的新陈代谢，帮助皮肤排泄废物和二氧化碳，减少油脂的存积，使皮肤组织密实而富有弹性，排除积于皮下的过多水分，消除肿胀和皮肤松弛现象，从而使保养品更快地被吸收，有效地延缓皮肤的衰老。

图3-10　面部按摩手法2

6.合理使用面膜保养皮肤

面膜（图3-11）是护肤品中的一个类别。使用面膜最基本也是最重要的目的是弥补卸妆与洁面仍然不足的清洁工作，在此基础上配合精华成分实现保养功能，例如补水保湿、美白、抗衰老、平衡油脂等。每周敷2～3次面膜，根据皮肤状况选择面膜功能：中性、干性皮肤使用补水面膜；缺水的混合性皮肤使用补水保湿面膜，偏油的混合性皮肤与油性皮肤使用深层清洁与控油面膜；敏感性皮肤使用补水、修复面膜；面部有斑点、痘印，皮肤暗淡的使用美白面膜；松弛、有皱纹的皮肤使用紧致抗衰面膜。

7.唇膜的功效

顾名思义，唇膜（图3-12）就是唇部的"面膜"，唇膜中往往含有去角质酶和滋润唇部的功能性成分，使用唇膜的目的是滋润软化、去除老化角质，为双唇提供营养和光彩，淡化唇部色素沉淀。嘴唇出现干裂、唇纹明显甚至翘皮时，使用唇膜可以保持唇部滋润，淡化唇纹。

图3-11　面膜

图3-12　唇膜

第二节
化妆品与化妆工具的选择

化妆是通过化妆品、化妆工具和化妆技术三者的完美结合实现的,三者缺一不可。我们在学习化妆技术之前,要先了解化妆品、化妆工具方面的知识,为熟练掌握化妆技术打下基础。化妆品主要用于修饰五官、装饰面容,掌握化妆品相关常识,了解化妆品的功能和作用,可以帮助学习者根据需要更好地挑选和使用化妆品。化妆工具主要用于实现化妆技法,塑造完美妆面。因此,在学习化妆技巧之前,对有关的化妆工具与化妆品应有全面系统的认识,只有正确地使用品质好的化妆工具与化妆品,在化妆实践中才能得心应手,运用自如。

通常将化妆品分为以下几大类。

一是基础性化妆品。清洁卫生类化妆品、护肤化妆品、营养化妆品等称为基础性化妆品,常用的有香皂、洗面奶、护肤水、乳液、面霜等。它们可使皮肤保持水分,使皮肤润滑,促进微血管扩张,增加细胞活力,达到延缓皮肤衰老的目的。

二是美容修饰化妆品。也称修饰化妆品或粉饰化妆品,用于美化面容,增加魅力,改变容貌,因此与基础性化妆品在用途上有很大差异。常用的美容化妆品有唇膏、指甲油、睫毛膏、眼影粉、眼线笔、粉饼、腮红、香水等。

三是特殊用途化妆品。特殊用途化妆品是指用以改变人体局部状态、增加人体美,或是消除对人体美不利的因素的化妆品。此类化妆品的特点是带有半永久性装饰(如烫发)或带有治疗(如祛斑)作用。

特殊用途化妆品有如下几类。

① 育发化妆品:有助于毛发生长,减少脱发和断发的化妆品。

② 染发化妆品:具有改变头发颜色作用的化妆品。

③ 烫发化妆品:具有改变头发弯曲度,并维持相对稳定作用的化妆品。

④ 脱毛化妆品:具有减少、消除体毛作用的化妆品。

⑤ 美乳化妆品:有助于乳房健美的化妆品。

⑥ 健美化妆品:有助于使形体健美的化妆品。

⑦ 除臭化妆品:用于消除腋臭等体臭的化妆品。

⑧ 祛斑化妆品:用于淡化皮肤表皮色素沉着的化妆品。

⑨ 防晒化妆品:具有吸收紫外线作用,减轻因日晒引起皮肤损伤的化妆品。

一、护肤品的选择

（一）化妆水

滋润肌肤是化妆的第一步，充分利用化妆水（图3-13）的功效，帮助皮肤水嫩有光泽，也更方便化出精致的妆面。

1. 化妆水的功效

洁面后，首先使用化妆水给皮肤补充水分。皮肤的70%是水分，但是即使是缺少一点点水分，我们的皮肤表面就会变得紧绷，有些人还会出现发痒、起皮等现象。化妆水的作用就是给干燥的皮肤"喝水"，使其变得滋润。水分充足的皮肤看上去柔和、有光泽，所以为了使得妆面更服帖、完美，滋润皮肤这一步万万不能缺少。

图3-13　化妆水

2. 化妆水的选择

市场上化妆水种类繁多，有保湿、收缩毛孔、柔肤等许多功能，根据皮肤性质选择适合自己的化妆水。

3. 化妆水使用注意事项

① 劣质化妆水酒精含量高，长期使用会对皮脂膜造成损伤，导致皮肤过敏。

② 去角质化妆水慎选，长期去角质会导致角质层过薄，长期使用去角质化妆水也会导致皮肤过敏。

（二）眼霜

1. 眼霜的功效

眼霜（图3-14）有滋润眼周皮肤的功效，除了可以减轻黑眼圈、眼袋问题外，同时还具有改善皱纹、细纹的功效。眼霜是用来保护眼睛周围比较薄的这一层皮肤的。不同的年龄阶段使用不同类型的眼霜，18～24岁使用保湿、补水眼霜，25岁以上使用抗衰老眼霜。

图3-14　眼霜

2. 眼霜的选择

眼霜分为滋润眼霜、紧致眼霜、保湿眼霜、抗老化眼霜、抗过敏眼霜等，根据眼部皮肤出现的问题选择合适的眼霜。

3. 眼霜使用的注意事项

使用眼霜要根据年龄选择，18～24岁要选择质地清爽的保湿眼霜，25岁开始选择抗老化眼霜，忌选用营养成分过高的眼霜，不仅不吸收还会导致脂肪粒产生。

（三）乳液

1.乳液的功效

乳液（图3-15、图3-16）是一种液态类护肤品，其最大的特点就是含水量很高，可以瞬间滋润肌肤，为干燥的皮肤补充水分，在肌肤表面形成轻薄透气的保护膜防止水分流失，有极佳的保湿效果，防止皮肤干裂、起皮。

图3-15 乳液

2.乳液的种类与选择

（1）清爽型乳液 清爽型乳液含油分少一些，不易堵塞毛孔，适合混合性和油性皮肤。

（2）滋润型乳液 滋润型乳液含有透明质酸和少量油分，水分不易蒸发，保湿效果颇佳，适合干性和中性皮肤。

（3）敏感型乳液 敏感型乳液具有抗过敏、修护肌肤的效用，能起到屏障的作用，适合敏感性皮肤。

图3-16 乳液的形态

3.乳液使用注意事项

不同肤质对乳液的需求是不同的，要根据皮肤的性质选择乳液；乳液成分略厚重，涂抹乳液要避开眼周，避免脂肪粒生成。

（四）面霜

1.面霜的功效

面霜（图3-17）也是一种液态类护肤品，具有补充肌肤水分、营养，改善肌肤表层纹理，锁住水分的作用。

图3-17 面霜

2.面霜的种类与选择

（1）滋润型 滋润型面霜具有更高的含水度和更强的保水度，适合干性、中性皮肤。

（2）清爽型 清爽型面霜具有控油补水的功效，适合混合性、油性肌肤。

（3）敏感型 敏感型面霜具有抗过敏、修护肌肤的效用，能起到屏障的作用，适合敏感性皮肤。

3.面霜使用注意事项

不同皮肤性质对面霜的需求是不同的，选择面霜要根据皮肤的性质；面霜含油量高，会导致毛孔堵塞，有可能导致皮肤病。

（五）隔离霜

1.隔离霜的功效

隔离霜（图3-18）是保护皮肤的重要化妆品，它就像一层保护膜，在画彩妆之前涂上，可以防止皮肤水分流失，防止彩妆与紫外线对皮肤造成的伤害，带颜色的隔离霜在保护皮肤的同时还具有调节不均匀肤色的作用。

图3-18 隔离霜

2.隔离霜的种类与选择

（1）具有防晒功效的隔离霜　这类隔离霜就是一般低SPF值的防晒霜，基本以欧美产品为主。

（2）具有防晒和修饰肤色作用的隔离霜　这类以日本、韩国产品居多，具有防晒、修饰肤色的作用。

（3）隔离霜的颜色　隔离霜有紫色、白色、绿色、粉色、肤色等。

① 紫色隔离霜。在色彩学中，紫色互补色是黄色，因此紫色具有中和黄色的作用，它的作用是让肌肤呈现健康明亮的效果，适合偏黄的肌肤。

② 绿色隔离霜。在色彩学中，绿色互补色是红色，绿色隔离霜可以中和面部过多的红色，使肌肤亮白，适合偏红肌肤或有偏红痘痕的肌肤。

③ 粉色隔离霜。适合肤色苍白或无血色的肌肤。

3.隔离霜使用的注意事项

① 隔离霜的质地要根据皮肤性质选择，混合性皮肤、油性皮肤选择质地清爽的隔离霜，否则易堵塞毛孔，干性、中性、敏感性皮肤选择保湿的隔离霜。

② T字部位易脱妆，要用纸巾轻轻按压吸掉多余的隔离霜，防止与粉底混合后堆粉。

③ 发际线处，隔离霜与头皮衔接要自然，避免在发际线卡粉。

二、彩妆品的选择

（一）粉底

1.粉底的功效

① 改善肤色，给面容增添青春、健康的色彩，同时遮盖导致面部肤色不均匀的色素

及细小瑕疵。

② 保护皮肤，使用粉底后，彩妆品不直接接触皮肤，还可以防止外界尘埃进入毛孔。

2. 粉底种类

粉底可分为膏状、霜状、液体状，膏、霜状遮盖力比较好，透气性略差。液体粉底透气性好，遮盖力略差。可以根据自己皮肤的状况选择不同质地的粉底。

图3-19　霜状粉底

3. 粉底的质地与选择

（1）霜状粉底（图3-19）　霜状粉底属于油性配方，优点是粉底效果有光泽、有张力、滋润，特别适合干性皮肤，能掩饰细小的干纹和斑点；缺点是长时间使用会阻塞毛孔，使皮肤呼吸不畅。

（2）液体粉底（图3-20）　液体粉底配方轻柔、紧贴皮肤，由于水分含量最多，具有透明、自然、保湿的效果。优点是与皮肤贴合自然无痕，使肌肤看起来细腻、清爽；缺点是单独使用容易脱妆，对瑕疵的遮盖效果不够好。适合油性、中性、干性皮肤。油性皮肤选择水质的液体粉底；中性皮肤则宜选择轻柔的粉底；干性皮肤可以选择有滋润作用的粉底。

图3-20　液体粉底

（3）膏状粉底（图3-21）　膏状粉底是以前的油彩粉底经过改良之后的产品，大大降低了厚重感，优质的固体粉底遮盖效果好且质地细腻，保湿、清爽。优点是干爽细腻、颜色均匀、遮盖毛孔，适合各种皮肤；缺点是肤质粗糙者涂上去后会粘连角质层。

图3-21　膏状粉底

（二）修容

1. 修容的功效

修容（图3-22、图3-23）是利用色彩的明暗塑造面部的立体感，深色涂在面部突出的地方，亮色可以涂在脸部需要凸出的部位。

2. 修容的种类

修容可分为液体、膏状和粉状。其中液体、膏状

图3-22　修容

的修容比较自然，用在粉底之后易与粉底衔接，适合用于日常化妆与职场化妆中。粉状修容用在定妆粉之后，容易痕迹明显，适合用于舞台妆、晚宴妆中的修容。

图3-23　自然双色修容粉

（三）定妆粉

1.定妆粉的功效

定妆粉（图3-24、图3-25）具有增加粉底附着力的作用，并且会使化妆持久，防止皮肤因为油脂和汗液分泌引起掉妆的现象，还具有掩饰皮肤凹凸不平使其平整光滑的作用。

2.定妆粉的种类与选择

① 散粉、干湿两用粉饼，颜色有透明、紫色、绿色和自然色。

② 散粉适合任何肤质使用。

③ 干湿两用粉饼适合油性、混合性和中性皮肤使用。

图3-24　定妆粉

（四）眉笔、眉粉、眉膏

1.功效

眉笔是用来画眉的化妆品，可以加深眉色，填补眉毛的缺失，增加眉毛的层次感与立体感。

2.种类

① 眉笔（图3-26），笔芯粗细不同，有自动免削笔。

② 眉粉（图3-27），类似眼线粉，有蘸水和不蘸水两种使用方法。

③ 眉膏（图3-28），和睫毛膏类似，可以提升下垂的眉尾。

图3-25　粉饼

3.选择

从颜色上可分为咖啡色、灰色、灰棕色等。

① 根据自己的眉毛的颜色来选择眉笔、眉粉或眉膏的颜色。

② 眉毛少建议选择眉笔描画，层次感清晰；断眉、残缺眉建议选择眉粉描画。

图3-26　眉笔

图3-27 眉粉

图3-28 眉膏

（五）眼影

1.眼影的功效

眼影是赋予眼部立体感，通过亮色与暗色的参差对比，力求达到突出眼周立体感的效果，还具有利用色彩烘托整个脸部形象的作用。

2.眼影的种类

（1）粉质眼影（图3-29） 粉质眼影质地服帖，很容易上手，使用方法也非常简单。

（2）膏状眼影（图3-30） 膏状眼影清透度极佳，具有3D效果，会随着角度不同，呈现浑然相异的光泽感。膏状质地轻薄，多用易使眼皮的褶皱明显，需配合粉状眼影使用。

（3）液体眼影（图3-31） 液体眼影透明度与光泽度非常好，显色效果不如粉质眼影。

图3-29 粉质眼影

3.眼影的选择

（1）色彩 眼影色彩很丰富，从原色、间色到复色应有尽有，色彩搭配也是千变万化，不同妆容搭配的眼影效果也不同。生活妆容眼影颜色要柔和，搭配简洁；晚宴妆的眼影色彩丰富，对比较强。

（2）质地 根据妆面的效果选择眼影的质地；混合性、油性皮肤选择粉质眼影，中性、干性皮肤选择粉质、膏状、液体均可。

图3-30 膏状眼影

（六）睫毛膏

1.睫毛膏的功效

睫毛膏（图3-32、图3-33）能使睫毛看起来又长又密，令眼睛更有神采、更有深邃感。

图3-31 液体眼影

图3-32　不同种类的睫毛膏

图3-33　睫毛膏

2.睫毛膏的种类与选择

睫毛膏可分为卷翘型睫毛膏、浓密型睫毛膏、防水型睫毛膏和透明睫毛膏。根据睫毛的浓密度与长度选择适合的种类，生活妆的睫毛膏主要用色是黑色与深棕色。

（七）腮红

1.腮红的功效

腮红能给皮肤增添活力，使肤色显得健康红润，有立体感，还能修饰脸形，掩盖皮肤瑕疵。

2.腮红的种类

（1）粉质腮红（图3-34）　粉质腮红最常用，服帖、不易脱妆。

（2）液体腮红（图3-35）　液体腮红便于涂抹，非常自然，呈现如同肤色的红润。

（3）膏状腮红（图3-36）　与液体腮红相比略显厚重，用海绵沾染涂抹即可。

图3-34　粉质腮红　　　　　图3-35　液体腮红　　　　　图3-36　膏状腮红

3.腮红的选择

（1）色彩　一是根据皮肤的色彩属性选择，冷色调皮肤选择冷粉色腮红，暖色调皮肤选择橘色腮红；二是根据妆面的冷暖选择。

（2）质地　粉质腮红适合一般肤质和油性皮肤选择；液体与膏状腮红适合干性皮肤和中性皮肤选择。

（八）唇膏、唇彩、唇釉

1.功效

为暗淡的双唇增添色彩，使化完妆的脸看上去更加生动、明艳，起到画龙点睛的作用。

2.种类

（1）唇膏（图3-37）　唇膏的配方中含有许多蜡的成分，经过压模定型，因此膏体比较密实，直接涂在唇上着色效果比较好。

（2）唇彩（图3-38）　唇彩质地相对轻薄，可使双唇滋润、光泽，持久性不如口红，需要经常补妆。

（3）唇釉（图3-39）　唇釉能够达到唇膏和唇彩无法展现的效果。唇釉出现以前，彩妆大师是用唇膏与唇彩结合涂唇妆，唇釉是将唇膏的饱和色与唇彩的莹亮质感合二为一。

3.选择

（1）质地　根据妆面的浓淡搭配选择唇膏、唇彩和唇釉。

（2）色彩　一是根据皮肤的色彩属性选择，冷色调皮肤选择冷色，暖色调皮肤选择暖色；二是根据妆面的冷暖选择；三是根据整体妆面的浓淡程度进行搭配。

三、化妆工具的选择与使用

（一）底妆工具

1.粉底海绵

粉底海绵（图3-40）是涂抹底妆的工具，用质地细密的海绵涂粉底，既均匀又卫生，而且柔软舒适。为了使粉底均匀地附着在皮肤上，要求海绵富有弹性；天然乳胶原料制成的材质较好，质感柔软，易涂抹。常见的海绵形状各异，有圆形、葫芦形等，海绵可以用于鼻子或眼睛下部

图3-37　唇膏

图3-38　唇彩

图3-39　唇釉

图3-40　粉底海绵

的细小部位，其平坦的一面可用于打基础底色。

使用方法：先将海绵用水浸湿，然后用纸巾吸出海绵中的水分，使其呈微潮的状态后将粉底在皮肤上均匀地涂抹开。

2.粉底刷

粉底刷（图3-41、图3-42）能将底妆上得轻薄又均匀，可以照顾到脸上的众多小细节，粉底刷的材质非常重要，刷毛短而稍硬的粉底刷可以让粉底上得轻薄自然，柔软而毛长的，能刷出遮瑕效果的底妆。

使用方法：从面部内轮廓刷，用打圈或顺着肌肤纹理走向的方式刷，用手腕力度刷，且用力要均匀。

3.蜜粉刷

蜜粉刷（图3-43）主要用于定妆和扫掉面部多余的散粉和定妆粉，让妆容更干净，蜜粉刷代替蜜粉扑可以营造更自然清透的妆感。首选有蓬松的大刷头的蜜粉刷，刷毛质地柔软舒适，不易脱落。

图3-41　扁头粉底刷

图3-42　圆头粉底刷

图3-43　蜜粉刷

4.蜜粉扑

蜜粉扑（图3-44）是上蜜粉的定妆工具，在选用时，要选择质地细密的纯棉制品。

使用方法：粉扑蘸上蜜粉，对折后揉搓，使蜜粉在粉扑上分布均匀，再用粉扑按皮肤。另外，为了避免手蹭掉底妆，应用手的小拇指套上粉扑进行描画，这样手指不会直接接触面部，以避免破坏妆面。

（二）修眉工具的选择与使用

1.修眉刀

修眉刀（图3-45）用于修整眉形及发际处多余的毛发，可以大面积去除多余的杂眉，最大特点是不用

图3-44　蜜粉扑

忍痛，修出的眉形比较整齐。

使用方法：将皮肤绷紧后，刀片与皮肤成45°角刮掉多余的毛发。

2.修眉剪

修眉剪（图3-46）是用于修剪眉毛的工具。购买时宜选择尖部细小，头微微上翘的眉剪。

使用方法：先用眉梳按眉毛的生长方向梳理整齐，再将超过眉形部分的眉毛剪掉。

3.修眉钳

修眉钳（图3-47）用于拔除杂乱的眉毛，将眉毛修成理想的眉形。在选购时，要注意钳嘴两端内侧应平整、吻合，否则无法将眉毛夹紧拔掉。

使用方法：用修眉钳将眉毛轻轻夹起，并顺着眉毛的生长方向拔除。拔时要一根一根地拔。

图3-45　修眉刀

图3-46　修眉剪

图3-47　修眉钳

4.眉梳

眉梳（图3-48）是梳理眉毛和睫毛的小梳子，梳齿细密。

使用方法：在修眉前用眉梳把眉毛梳理整齐，这样便于眉毛的修剪。眉梳还可以将涂睫毛膏时粘在一起的睫毛梳通。具体操作是：从睫毛根部沿睫毛弯曲的弧度向上梳。

5.眉刷

眉刷（图3-49）是整理眉毛的工具，形同牙刷，毛质粗硬。在化妆工具中眉梳和眉刷常常被制作成一体。

使用方法：在画过的眉毛上，用眉刷沿着眉毛的生长方向轻轻刷动，使眉色均匀。

图3-48　眉梳

图3-49　眉刷

（三）眼部工具的选择与使用

1. 眼线刷

眼线刷（图3-50、图3-51）是用来描画眼线的化妆工具。眼线刷是化妆套刷中最细小的毛刷。

使用方法：蘸上眼线膏或水溶性眼线粉，在睫毛根处描画。

图3-50　眼线刷1

图3-51　眼线刷2

2. 眼影刷

眼影刷是修饰眼睛的工具。眼影刷有两种类型：一种为毛质眼影刷（图3-52），另一种为海绵棒眼影刷（图3-53）。它们都是眼部修饰工具，不同之处在于海绵棒眼影刷要比毛质眼影刷晕染的力度大、上色多。对毛质眼影刷质量要求较高，应具有良好的弹性。眼影刷要专色专用，最好备有几支大小各异的眼影刷。

使用方法：将蘸有眼影粉的毛质眼影刷或海绵棒眼影刷在上下眼睑处进行晕染。

图3-52　毛质眼影刷

图3-53　海绵棒眼影刷

3.睫毛夹

睫毛夹（图3-54）是用来卷曲睫毛的化妆工具。睫毛夹夹缝的圆弧形与眼睑的外形相吻合，使睫毛被挤压后向上卷翘。在选购时，应检查橡皮垫和夹口咬合是否紧密，如夹紧后仍有细缝则无法将睫毛夹住。睫毛夹的松紧要适度，过紧则会使睫毛不自然。

使用方法：先将睫毛置于睫毛夹啮合处，再将睫毛夹夹紧。操作时从睫毛根部、中部和梢部分别加以弯曲。睫毛夹固定在一个部位的时间不要太长，以免使弧度太过夸张而显生硬。

图3-54　睫毛夹

（四）脸部工具的选择与使用

1.腮红刷

腮红刷（图3-55）是用于涂腮红的工具。腮红刷需要用富有弹性、大而柔软，用动物毛制成的前端呈圆弧状的刷子。

使用方法：用腮红刷蘸上腮红，由鬓角处沿颧骨向面颊轻扫。

2.轮廓刷

轮廓刷（图3-56、图3-57）用于修整面部外轮廓。可以选择刷毛较长且触感轻柔、顶端呈椭圆形的粉刷。

使用方法：蘸提亮色或暗影色，在面部的外轮廓及需显示凸显或凹陷的部位，用提亮色或暗影色，进行涂刷或晕染。

3.唇部工具

常用于画唇的工具是唇刷（图3-58），唇刷最好选择顶端刷毛较尖的刷子，这种形状的刷子可利用侧锋刷出唇的轮廓，刷毛较硬但有一定的弹性。

使用方法：先用唇刷描画唇线，然后再用唇刷蘸取唇膏涂抹全唇塑造唇形。

图3-55　腮红刷

图3-56　轮廓刷1

图3-57　轮廓刷2

图3-58　唇刷

第三节 空乘人员化妆技巧

化妆主要是针对人物面部的客观条件具体实施的技巧。针对人的五官基本特征，本章主要讲述面部五官的美化技巧，为了掌握好整体的化妆技术，使整体妆面效果突出，首先应熟练掌握面部各个局部的修饰技巧，了解面部各部位的特征，掌握面部五官美化的要领，这些是掌握整体化妆造型的关键。

一、认识面部结构

化妆主要是针对人体头、面部客观条件的基础上实施的技巧，因此我们必须了解面部各部位名称及有关知识，做到心中有数，有的放矢，从而达到预期的化妆效果。

化妆首先要准确地把握面部构造（图3-59），明确面部结构的名称，了解并认识五官局部名称及比例关系，这对于化妆技能的学习是非常有必要的。

（一）面部结构名称

① 额：眉毛至发际线的部位。
② 眉毛：位于眶上缘一束弧形的短毛。
③ 眉棱：生长眉毛的鼓出的部位。
④ 上眼睑。
⑤ 眼角：亦称眼眦。眼角分为内眼角和外眼角。
⑥ 下眼睑。
⑦ 鼻翼：鼻尖两旁的部位。
⑧ 鼻孔：鼻腔的通道。
⑨ 唇：口周围的肌肉组织，通称"嘴唇"。
⑩ 眉心：两眉之间的部位。
⑪ 眼眶：眼皮的外缘所构成的眶。
⑫ 眼角：内眼角。
⑬ 鼻梁：鼻子隆起的部位，最上部称鼻根，最下部位称鼻尖。
⑭ 面颊：位于脸的两侧，从眼到下颌的部位。

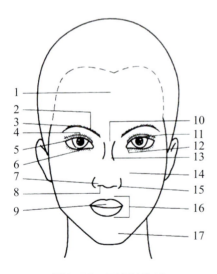

图3-59 面部结构图
1—额；2—眉毛；3—眉棱；4—眼睑；5—眼角；6—下眼睑；7—鼻翼；8—鼻孔；9—唇；10—眉心；11—眼眶；12—内眼角；13—鼻梁；14—面颊；15—鼻唇沟；16—颔；17—颊

⑮ 鼻唇沟：鼻翼两旁凹陷下去的部位。

⑯ 颌：构成口腔上部和下部的骨头和肌肉组织，上部称上颌，下部称下颌。

⑰ 颏：位于唇下，脸的最下部分，俗称"下巴颏儿"。

（二）面部五官的比例

在进行化妆之前，我们要仔细观察自己的面部结构，五官比例状况，在此基础上有针对性地进行妆面设计。我国美学家不约而同地把椭圆脸形和比例匀称的五官认定为最理想的美人标准。在面部结构上，脸的长度和宽度是由五官的比例结构所决定的，五官的比例一般以三庭五眼（图3-60）为标准，

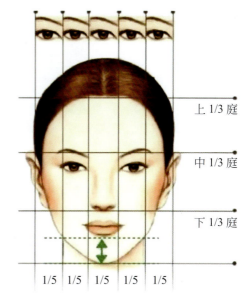

图3-60 三庭五眼

正中垂直轴上又有四高三低，横轴上符合丰字审美准则，达到以上十几个基本指标就是美人脸了。精确地了解以下信息对面部化妆有重要的参考价值。

1.三庭五眼

三庭是指脸的长度，即由前额发际到下巴分为三等份，故称三庭。上庭为前额发际至眉间距离；中庭即鼻的长度；下庭为鼻底至底颏的距离，它们各占脸部长度的1/3。

五眼是指脸的宽度。以眼睛长度为标准，把面部宽度分为五等份。外眼角延伸到同侧发际的距离各是一只眼睛的长度，两眼之间也是一只眼睛的长度，再加上两只眼睛本身的长度，这就是五眼。面部的层次应是，鼻梁直而高，颧骨略为突出，前额与下颌成水平，眼窝略有凹陷。

2.四高三低

四高三低主要是从侧面来看最为明显。四高分别是额头、鼻子、唇珠和下巴尖。三低，一是指两眼之间与鼻根交界处；二是人中沟是凹陷的；三是下唇的下方是凹陷的。

二、面部美化技法

（一）眉的美化

1.眉毛的重要性

眉毛是眼睛的衣裳，美丽的眼睛，缺了眉毛这件衣裳，那眼睛也变得"赤裸裸"了，脸上缺了眉毛，则面目可憎了（图3-61）！

图3-61　有眉与无眉对比

眉毛常被称为"七情之虹",可见眉毛在面部审美中的重要地位,不仅在很大程度上左右着面部表情,同时也反映着时尚与流行,特别是在矫正脸形、强调眼部的立体感上,起着重要的作用。一对漂亮整齐适合自己的眉毛,不仅能修正脸形,还能传达出独特的气质。

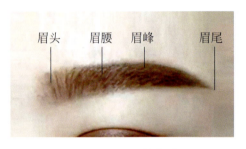

图3-62　眉毛的构成

2.眉毛的构成（图3-62）

眉毛起自眼眶的内上角,沿眼眶上缘向外略呈弧形至眼眶外上角止。靠近鼻根部的内侧端称眉头,外侧端称眉尾,最高点称眉峰,眉头与眉峰之间称眉腰。眉头部位的眉毛斜向外上方生长。从眉腰处开始,眉毛分上下两列生长,下列眉毛斜向上方生长,上列眉毛斜向下方生长。眉峰至眉梢部位的眉毛细而稀疏,中间部位的眉毛较粗而密致,因此使得眉毛整体的疏密状态为两头淡中间浓。画眉时一定要遵循眉毛浓淡变化的规律,才能使眉毛显得真实而生动。

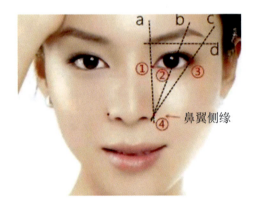

图3-63　标准眉形

3.标准眉形的确立

眉毛的形状是否标准,主要是看其与眼睛的搭配是否恰当,与五官的组合是否协调,与脸形的配合是否到位,此外还有表现个性等方面的内容。这里所指的标准（图3-63、图3-64）,主要是对眉毛的个体而言,不存在与其他部位的关系。标准眉形是将眉毛平均分为三等份,即眉头至眉腰中间、眉腰中间至眉峰、眉峰至眉梢三部分均等。

（1）眉头的位置　图3-63中的a表示眉头,其位置在④鼻翼侧缘与①内眼角连线

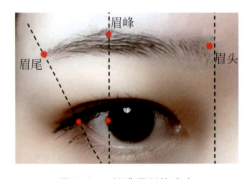

图3-64　标准眉形的确立

的延长线上。

（2）眉峰的位置　图3-63中的b表示眉峰，其位置在④鼻翼侧缘与②瞳孔外侧连线的延长线上，且略高于眉头。

（3）眉梢的位置　图3-63中的c表示眉梢，其位置在④鼻翼侧缘与③外眼角连线的延长线上。

（4）眉毛弧度　图3-63中的d表示眉形，即眉头最低点与眉梢的连接线确定眉毛的弧度。

4. 各种眉形的感官印象

（1）挑高眉和长眉（图3-65）　挑高眉显得高冷有距离感。包覆式下垂眉尾的长眉显得很有女人味，有亲和力。

图3-65　挑高眉、长眉

（2）粗眉和柳叶眉（图3-66）　略有眉峰的粗眉，显得英气精神，使五官更显立体。柳叶眉显得清秀、柔美。

图3-66　粗眉、柳叶眉

（3）低平眉和短眉（图3-67）　低平眉显得一股正气，令眼睛深邃。眉头离得较远的短眉，显得干练果敢，中性气质突出。

图3-67　低平眉、短眉

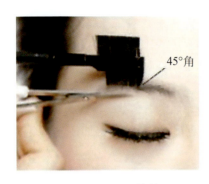

图3-68　眉毛修剪

图3-69　拔眉

图3-70　剃眉

5.修眉的步骤与方法

①将眉毛及周围皮肤清洁干净。

②根据眉形特点,确定眉毛各部位的位置。修眉时要根据所使用的工具不同采用不同的方法。一般来讲,修眉有三种方法,修剪法、拔眉法和剃眉法。

一是修剪法(图3-68)。用眉剪对杂乱多余的眉毛或过长的眉毛进行修剪,使眉形显得整齐。

二是拔眉法(图3-69)。用眉镊将散眉及多余的眉毛连根拔除。拔眉前用毛巾热敷,使毛孔扩张,减少拔眉时皮肤的疼痛感。拔眉时,用一只手的食指和中指将眉毛周围的皮肤绷紧,另一只手拿着眉镊,夹住眉毛的根部,顺着眉毛的生长方向,将眉毛一根根拔掉。利用拔眉法进行修眉,其最大的特点是修过的地方很干净,眉毛再生速度慢,眉形保持时间相对较长。拔眉时有轻微的疼痛感。长期用此方法修眉,会损伤眉毛的生长系统,使眉毛生长缓慢,逐渐变得稀疏。

三是剃眉法(图3-70)。用修眉刀将不理想的眉毛剃掉,以便于重新描画眉形。剃眉时,用一只手的食指和中指将眉毛周围的皮肤绷紧,用另一只手的拇指和食指、中指、无名指固定刀身,修眉刀与皮肤角度成45°,这个角度不易伤及皮肤。剃眉过程中握修眉刀的手要稳,这样才可以保证剃眉的安全性和准确性。剃眉的方法简单,且过程中皮肤没有疼痛感,但眉毛剃掉后很快又会长出来,而且重新长出来的眉毛显得粗硬。

③将修完的梳毛进行梳理,有过长的眉毛可再进行修剪。

④最后用收敛性化妆水拍打双眉及其周围的皮肤,以使毛孔收缩。

6.画眉的步骤及方法

(1)步骤及方法(图3-71)

①从眉腰处开始,顺着眉毛的生长方向,描画至眉峰处,形成上扬的弧线。

②从眉峰处开始,顺着眉毛的生长方向,斜向下画至眉梢,形成下降的弧线。

③加深眉腰到眉峰的颜色。

④用眉刷刷眉,使其颜色柔和,各部位色彩自然衔接。

图3-71 画眉的步骤及方法

（2）注意事项
① 持笔画眉时，要做到紧拿轻画。
② 眉毛是一根根生长的，因此画眉时要一根根进行描画，从而体现眉毛的空隙感。
③ 描画眉毛时，注意眉毛深浅变化规律，体现眉毛的质感，眉色应略浅于发色。
④ 眉笔要削成扁平的鸭嘴状。

7.眉形的选择

（1）常见的眉形　图3-72展示的眉形为常见的12种眉形。

图3-72 常见眉形

（2）眉形的选择　眉形的多样化使眉毛富于变化和表现力。眉形的选择对眉毛的美化非常重要，在选择眉形时要注意以下几点。

① 根据眉毛的自然生长条件来确定眉形。较粗较重的眉毛造型余地大，通过修眉可以形成多种眉形；较细较浅的眉毛在造型时会有一定的局限性，只能根据自身条件进行修饰，否则会给人失真、生硬的感觉。眉毛是由眉骨支撑的，眉毛自然生长的弧度是由眉骨的弧度决定的。因此在设计眉形时，要考虑眉骨的弧度，若调整幅度过大，会显得不协调，不仅不能增加美感，反而会影响容貌的整体效果。

② 根据脸形选择眉毛形状。眉毛是面部可以随意改变形状的部位，因而对脸形有一定的矫正作用。如长脸形配以平直的眉毛，使脸形有缩短的效果；圆脸形通过眉形上扬，提高了横向切割线的位置，使眉毛与下颌轮廓线距离拉长，从而调整了脸形。

③ 根据自己的喜好选择眉形。在上述条件允许的情况下，可以根据自己的喜好选择眉形，以充分表现自己的性格和内在气质。

8.眉形的矫正技巧

眉毛距眼睛最近，也最容易引起人的注意，对眼睛有直接的修饰作用。眉毛的形状可以决定和表达一个人的情感和内在气质。以下是对几种不理想眉形的矫正方法。

（1）向心眉

① 外观特征。两条眉毛均向鼻根处靠拢，眉头探入内侧，其间距小于一只眼睛的长度，显得面部紧凑，有紧张感（图3-73a）。

② 矫正方法。以内眼角为界，先将眉头处多余的眉毛进行修整，但切忌不要人工痕迹过重，否则会产生呆板、不自然的感觉，再将眉峰略向后移，描画时可适当延长眉毛的长度（图3-73b）。

图3-73　向心眉

（2）离心眉

① 外观特征。两条眉毛距离较远，偏靠外侧，其间距大于一只眼睛的长度，显得面部温和、舒展，但略显幼稚（图3-74a）。

图3-74　离心眉

②矫正方法。主要利用描画的方法,将眉头移至内眼角上方,描画时应注意眉笔的走向和施加的力度,使人工修饰的眉头与眉体本身衔接自然,同时眉峰可略向内移(图3-74b)。

(3)上斜眉

①外观特征。眉头压低,眉梢过于上斜,给人严厉、精明的感觉,有时还会略显刁钻(图3-75a)。

②矫正方法。首先应采取修眉的方法,可适当除去眉头下方和眉梢上方的眉毛,调节眉形使其尽量水平;其次,利用描画的方法,重点在眉头上方和眉梢下方进行线条的描画,但要在原眉形的基础上进行,不可牵强(图3-75b)。

图3-75 上斜眉

(4)下挂眉

①外观特征。眉头略高,眉梢略向下压,给人一种表情忧郁、无精打采的感觉(图3-76a)。

②矫正方法。先将原有眉形的眉头上方和眉梢下方多余的眉毛除去,使眉毛趋向于水平,再利用描画的方法,着重在眉头下方和眉梢上方进行描画,即压低眉头,抬高眉梢,使眉毛趋于上扬,也可在画眉后利用透明睫毛膏将眉毛略向上刷(图3-76b)。

图3-76 下挂眉

(5)散乱眉

①外观特征。眉毛生长得比较散乱,没有直观的外形和立体感,削弱了眼睛的神采,使得面部五官不够突出(图3-77a)。

②矫正方法。应先根据人物的脸形、眼形、气质和性格特征为其设计眉形,然后用棕色眉笔描画出适当的眉形,再将多余、过散的眉毛除去(图3-77b)。

图3-77 散乱眉

（6）残缺眉

① 外观特征。多在眉体中某部位出现眉毛断开的现象，这主要是由于外伤所致疤痕造成此处不再生长毛发或先天毛发缺损导致眉毛稀少、颜色淡（图3-78a）。

② 矫正方法。如果原眉形较好，只需利用描画方法将其断开或眉毛稀少处填充颜色，但要与眉毛本身合为一体，颜色过渡要柔和。另外，还可采取文眉的方法，一劳永逸（图3-78b）。

图3-78 残缺眉

（7）短粗眉

① 外观特征。眉毛的形状粗而短，看上去缺少眉尾，眉毛整体显得不够长，略显孩子气，对于成熟女性而言，稍显稚嫩而缺少妩媚感（图3-79a）。

② 矫正方法。可稍加修整眉毛外形，将眉毛下部去除一少部分，但不要把眉毛修得过细，再利用描画的方法在眉尾部稍稍加长，营造出真实、柔美且富于质感和立体感的眉形（图3-79b）。

图3-79 短粗眉

（二）眼睛的美化

眼睛是面容的审美核心，是心灵的窗口，能表达人们的喜、怒、哀、乐。运用丰富的色彩对眼睛进行修饰，能够表现出整体化妆的重点。眼睛修饰主要由眼影的描画、眼线的勾画和睫毛的修饰三部分构成。

1. 眼影的画法

（1）眼部结构　眼睛（图3-80）是人的视觉器官，眼睛的外部有上眼睑和下眼睑两部分，其间为睑裂。下眼睑的皮肤在内侧有一条细的皱襞称下眼睑沟，人到老年时，皮肤松弛，此沟明显。上眼睑皮肤在睁眼时形成一条皱襞，这条曲线称为重睑。没有重睑者称单眼皮。在眼睛上缘和眼球之间是上眼睑沟。上下缘相连形成两个眼角，内侧角圆钝称为内眼角，外侧角呈锐角，称外眼角。上眼睑的睫毛称上睫毛，下眼睑的睫毛称下睫毛。

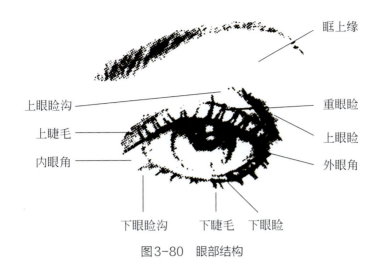

图3-80 眼部结构

眼眶中镶嵌着眼球,上眼睑覆盖在眼球上。上眼睑可以覆在半个眼球体上,眼睛化妆要以此为依据,充分体现眼部的转折与结构。

(2)常用眼影的晕染形式 眼影的排列形式多种多样,总体而言,常用的眼影排列方法有横向晕染法、纵向晕染法和结构晕染法。(结构晕染法修饰性强,常用于舞台表演、化妆比赛以及需要特别强调眼部化妆风采的化妆手法,本章不做详细讲解。)

① 横向晕染法。在上眼睑处,用一种或两种以上的眼影色彩由内眼角向外眼角横向排列搭配晕染,可充分发挥眼睛的动感,使眼睛生动有神而具立体感,常用的横向晕染法有以下两种。

一是平涂法。画完眼线,先用浅色打底,再用一种颜色的眼影由睫毛根部开始平涂(图3-81)。此种方法适合肿眼泡、裸妆。

图3-81 平涂眼影

二是1/3晕染法。1/3晕染法(图3-82)将上眼睑横向分为两个区域进行晕染,此种眼影晕染法可使用对比色或邻近色,选用两种或两种以上的颜色,适用各种妆型及眼形。

采用内浅外深,先用浅色系在整个上眼睑处打底,不易厚重,第二层颜色涂于高于双眼皮基准线3毫米左右即可,第三层最深的颜色是眼妆的重点,叠加在后半段眼睑的2/3处,上下眼影都叠加自然。

横向晕染法注意事项如下。

a.晕染时,刷子要始终平贴在眼睑上,并随着眼部的形体变化而变化。

图3-82　1/3晕染法

　　b.各区的衔接部位过渡要自然，不能有分界线。

　　c.各区选择颜色时，要考虑到眼形特点及色彩的相性。

　　② 纵向晕染法。纵向晕染法是较为传统的晕染方法，是用单色或多色眼影色由深至浅或由浅至深进行晕染的方式。纵向晕染法有上浅下深晕染法和上深下浅晕染法。具体方法是先画好眼线，再用两种类似的眼影色，先用浅色打底，在平涂法的基础上，选用深色眼影从睫毛根部开始晕染，逐渐向上颜色减淡，这种画法适合单眼皮、小眼睛的女士。

　　上浅下深晕染法（图3-83）是用眼影色沿睫毛根部向上平行进行由深至浅的晕染方式。此种晕染方式色彩过渡柔和自然，使人感觉眼睛明亮、有神，适用于各种妆型和眼形，尤其是单眼睑及眼睑浮肿者。

　　晕染步骤及方法：从外眼角开始，沿睫毛根部向内眼角处晕染，再向上平行进行由深到浅的晕染至恰当的位置，最后在眼眶上缘部位提亮。

　　上深下浅晕染法（图3-84）也称"假双眼睑晕染法"，即对于单眼睑或形状不够理想的双眼睑，在上眼睑处画出一个双眼睑的效果。此法适用于单眼睑中的眼睑脂肪单薄，眼裂与眉毛之间距离较远的眼形。

　　晕染步骤及方法：根据眼形条件，在上眼睑上画出假双眼睑线；在双眼睑内用高光色进行晕染；在双眼睑位置以上进行上深下浅的晕染；在眼眶上缘部位进行提亮。

图3-83　上浅下深晕染法

图3-84　上深下浅晕染法

纵向晕染法注意事项如下。

a.晕染深色眼影时，化妆刷要直立以加强力度，随着向上推进，刷子与眼睑的角度逐渐减小，直至平贴在眼睑上，造成柔和的效果。

b.每次蘸取颜色后，都要从最深层入手进行晕染，从而形成眼影色自然衔接的层次变化。

c.在画假双眼睑时，假双眼睑线位置的高低要以假双眼睑的宽窄而定。若想双眼睑宽些，线的位置就要高，反之就低一些。

（3）各种眼型的矫正画法

① 上扬眼眼影画法（图3-85）。上眼线的描画外眼角处落笔要低，可齐睫毛根描画，内眼角可适当加宽。在下眼尾处画B色眼影，营造眼尾上扬感。上眼皮用A色从眼尾画至眼头，眼头的眼影要宽于眼尾处。

② 肿泡眼眼影画法（图3-86）。上眼线尽量平直，眼尾可略上扬。

图3-85　上扬眼眼影画法

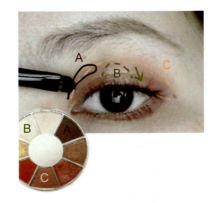
图3-86　肿泡眼眼影画法

用C色眼影晕染眼窝位置，用偏细的眼影刷将A色眼影涂于内眼角，可营造深邃感，用B色眼影提亮眼球中部，增加眼部的立体感。

③ 单眼皮、内双眼影画法（图3-87）。贴着睫毛根部描画眼线，单眼皮眼线根据眼型调整宽窄，内双眼线不宜画得过宽，眼角处略微上扬。根据眼型画下眼线的长度。

用A色眼影晕染眼窝，用小号刷沾B色眼影涂在内外眼角，C色眼影涂于眼球中部，增加眼部立体感，单眼皮/内双眼主要注重眼影晕染的层次感。

④ 下垂眼眼影画法（图3-88）。根据外眼角的下垂程度适当提升眼尾眼线落笔的位置，在眼尾处加粗，上扬。

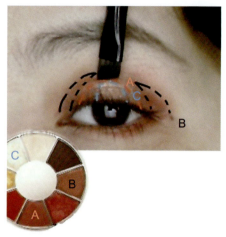

图3-87　单眼皮、内双眼影画法

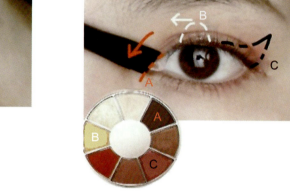

图3-88　下垂眼眼影画法

用小号刷在内眼角睫毛根部晕染A色眼影，C色眼影晕染外眼角制造上扬感，B色眼影提亮晕染瞳孔内侧，靠近内眼角，吸引注意力集中在内眼角，从而忽略外眼角下垂感。

⑤ 三角眼眼影画法（图3-89）。三角眼眼线只能画中端！以免增加"三角"两边向下的感觉；涂上睫毛膏，将中段和尾端睫毛加长，不要涂下睫毛！不然眼睛留白太少。

用第10色眼影晕染眼窝，用03色画上眼睑，用01色眼影晕染眼球中部。

⑥ 细长眼眼影画法（图3-90）。在上下眼睑中部加宽眼线，两头略细，过渡要自然。

图3-89　三角眼眼影画法

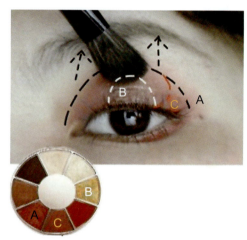

图3-90　细长眼眼影画法

用A色眼影晕染眼窝的位置，可略向上晕染，用C色眼影晕染外眼角处，用B色眼影提亮眼球中部，内眼角淡化处理。细长眼眼影画法的重点是要让眼睛的整体高度变高，显得细长。

⑦ 卧蚕画法（图3-91）。用刷子蘸高光画在卧蚕处，用平刷蘸阴影画下方。

2.眼线的描画

事实上并不存在生理的眼线，睫毛浓密，能够加强眼睛的魅力，但随着年龄的增长，眼睛的神采就会减弱。通过眼线的描画，使眼睑边缘清晰，并由于眼睑边缘的加深而形成与瞳孔明显的黑白对比，增加了眼睛的神采和亮度。同时，利用眼线的位置及角度，可以调整眼睛的形状。眼线要画在睫毛根处。

（1）睫毛的生理状态　生理睫毛的粗细、深浅规律为：上睫毛浓粗，下睫毛淡细；外眼角位置的睫毛浓重，内眼角位置的睫毛稀淡。在画眼线时，要遵循这一生理状态规律。

（2）眼线描画的步骤及方法

① 观察眼睛形状，确定上睫毛线的高度。闭上眼睛，用一只手在上眼睑处轻推，使上睫毛根充分暴露出来，进行描画（图3-92）。

② 画下眼线时，眼睛向上看，由外眼角向内眼角进行描画。

（3）注意事项

① 若将眼睛的长度分为十等份，上眼线从内眼角向外眼角描画七分长，下眼线描画三分长，即上七下三。

② 上眼线的高点应在瞳孔平视的外侧部位，描画时，要紧靠睫毛根，中间不能留有空隙。

③ 进行睫毛线描画时，要根据睫毛生理状态规律，使描画的眼线自然、逼真（图3-93）。

（4）不同眼型矫正画法

① 圆眼眼线画法（图3-94）。上眼线的描画由内眼角至外眼角并由细渐粗，尾部可略上扬，但其中部应尽量平直；描画下

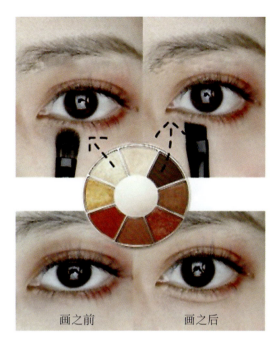

图3-91　卧蚕画法

图3-92　眼线的画法

图3-93　睫毛线的画法

眼线应描画得平直,尾部可略向外加长。圆眼的眼线重点是调整眼睛的长度。

② 单眼皮眼线画法(图3-95)。从内眼角起,画得宽度以睁开眼睛看到为止,黑眼珠上下略加宽,增加眼裂上下的宽度,让眼睛看上去较圆,注意线条要流畅,边缘要干净整齐。

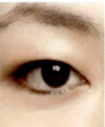
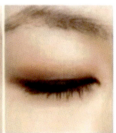

图3-94　圆眼眼线画法　　　　　　　图3-95　单眼皮眼线画法

③ 内双眼眼线画法(图3-96)。内眼角眼线要细,若眼皮前端是埋进去的眼角可不用画内眼线,从眼睛中间画至眼尾,线条由细到粗,内双重点强调眼尾。

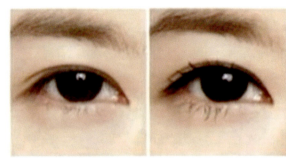

图3-96　内双眼眼线画法

④ 下垂眼眼线画法(图3-97)。眼尾下垂眼线重点画出微微上扬的眼尾。先用眼线笔淡淡地画出眼尾的高度,再沿着睫毛边缘描画整齐的眼线,眼尾要比标准眼线略粗,也可将上下眼尾连接调整眼尾的高度。

图3-97　下垂眼眼线画法

⑤ 上扬眼（又称丹凤眼）眼线画法（图3-98）。在上眼睑描画眼线时，外眼角处落笔要低，甚至可齐睫毛根描画，至内眼角处可适量加宽、加粗。下眼线是矫正上扬眼的重点，眼睛平视时黑眼球外侧的部分眼线要粗，由外眼角处靠外的部分起笔横向进行描画，至眼睛中部逐渐变细，上面的颜色略深于下面。

⑥ 两眼间距近的眼线画法（图3-99）。

a.两眼之间距离小于一只眼睛的长度即为两眼间距近。

b.两眼间距近，五官比较集中，上眼线内眼角部位要画淡或者不画，眼尾部可向外拉长，下眼线适宜描画二分之一眼线，但应根据实际情况做出适当调整。

图3-98　上扬眼眼线画法

图3-99　两眼间距近的眼线画法

⑦ 两眼间距远的眼线画法（图3-100）。

图3-100　两眼间距远的眼线画法

a.两眼之间距离大于一只眼睛的长度即为两眼间距远。

b.在描画眼线时，上眼睑的眼线在内眼角处可向前探出大约2～3毫米，且前半部眼线略粗重，至外眼角时渐细，但不可拉长。

3.睫毛的修饰

睫毛不但具有保护眼睛的作用，而且长而浓密的睫毛对增加眼睛的神采也能起到辅助作用，使眼睛充满魅力。修饰睫毛主要通过夹卷睫毛、涂睫毛膏完成。

（1）夹卷睫毛

① 夹卷睫毛的步骤及方法。

首先，眼睛向下看，将睫毛夹夹到睫毛根部，使睫毛夹与眼睑的弧线相吻合，夹紧睫毛5秒钟左右后松开，不移动夹子的位置连做1～2次，使弧度固定（图3-101）。其次，用睫毛夹在睫毛的中部，顺着睫毛上翘的趋势，夹5秒钟左右后松开（图3-102）。最后用睫毛夹在睫毛的梢部再夹1次，时间为2～3秒，形成自然的弧度。

图3-101　夹睫毛方法1

图3-102　夹睫毛方法2

② 注意事项

a.夹睫毛时，睫毛要干净，若有灰尘或残留的睫毛液会造成睫毛的损伤或折断。

b.睫毛被夹后要坚持5秒钟左右才能成"形"，若卷翘度不理想可反复夹卷。

c.夹睫毛时动作要轻。

（2）涂睫毛膏

① 涂睫毛膏的步骤及方法。

先涂上睫毛。眼睛向下看，睫毛刷由睫毛根向下向外转动（图3-103a）。眼睛平视，睫毛刷由睫毛根部向上向内转动（图3-103b）。

再涂下睫毛。眼睛向上看，先用睫毛刷的刷头横向涂抹（图3-103c），再由睫毛根部由内向外转动睫毛刷（图3-103d）。

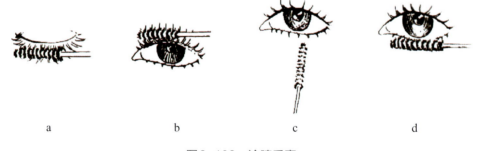

a　　　　　　　b　　　　　　　c　　　　　　　d

图3-103　涂睫毛膏

② 注意事项

a.涂刷睫毛时手要稳，以免涂到皮肤上。

b.刷上睫毛时，应横拿睫毛刷。

c.刷下睫毛时，睫毛刷先竖起来与睫毛生长方向保持一致，左右拨动睫毛，然后再拿睫毛刷顺着睫毛涂抹。同时可用面巾纸衬垫于睫毛下，以免睫毛液溅落到皮肤上。

③ 睫毛修正眼形（图3-104）。

没涂睫毛

上睫毛+下睫毛

图3-104 睫毛修正眼形

（三）面颊的修饰

面颊是流露真实情感的部位，情绪波动时面颊会产生较明显的颜色变化。红润光滑的面颊，自古以来就是人们衡量容貌美的重要标准之一。腮红是展示女士神态风韵，以及矫正脸形的一种手段。

1.面颊的生理特征

面颊位于面部左右两侧，面颊在上颌骨与下颌骨的交会处，上至颧突及眼下水平线，下到颌角，中间介于犬齿槽和外下颌角之间。这里是骨骼起伏的部位，由于"颊窝"内有肥厚的肌肉填充，在外形上只能看到颧丘、颧弓、下颌角几个凸起的部位，颧弓与颧面的弧度大于90°，形成宽而扁平的面颊。面颊的外形，因人种、性别、年龄不同而有很大差异，由于地域、遗传等原因，颧骨的大小、宽窄也因人而异。

2.标准脸形腮红的位置

标准脸形腮红的位置（图3-105）在颧骨上，笑时面颊隆起的部位。一般情况下，腮红向上不可超过外眼角的水平线；向下不得低于鼻翼的水平线；向内不能超过眼睛的1/3垂直线。在具体化妆时，要根据每个人的脸形而定。

3.腮红晕染的步骤及方法

（1）步骤及方法（图3-106）

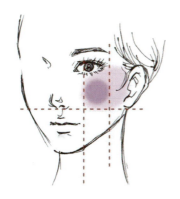

图3-105 标准脸形腮红位置的确立

图3-106 腮红的晕染

① 取同色系中较深的腮红色，从颧弓下陷处开始，由内轮廓向发际线进行晕染。

② 取同色系中较浅的腮红色，在颧骨上与第①步骤衔接，由内轮廓向发际线进行晕染。

（2）注意事项

① 腮红的晕染要体现面部的结构及立体效果。在外轮廓颧弓下陷处用色最重，到内轮廓时逐渐减弱并消失。

② 蘸取及晕染腮红时，应用刷子的侧面。

③ 腮红晕染要自然柔和，不要与肤色之间存在明显的边缘线。

4. 面颊的矫正技巧

（1）圆脸　圆脸的人面颊圆润，脸形短，缺乏立体感。腮红的位置（图3-107）可由颧骨外缘做斜向晕染，靠脸部外缘颜色略深，向里颜色渐弱，可产生拉长脸形的效果。

（2）方脸　脸形前额骨与下颌骨宽而方，脸的长度与宽度相近，给人感觉沉稳、坚毅、缺少女性柔美的风韵。腮红的位置可略提升，在颧骨下缘凹陷处偏上施用略深色的腮红，而向上至颧骨则选用淡色，可起到收缩面颊的效果（图3-108）。

图3-107　圆脸腮红

图3-108　方脸腮红

（3）长脸　长脸形的人面形瘦长，骨架明显。腮红应横向晕染，由颧骨外缘略向下处做横向至面颊中部的晕染，外缘略深向里淡化，这样可丰满面颊，缩短面部长度。若面形宽而长，腮红（图3-109）则应斜向晕染，由颧弓斜向下渐淡，也会起到改善脸形的效果。

（4）正三角形脸　正三角形脸前额窄小而两腮肥大，上窄下宽。先用咖啡色或较深色的腮红涂于颧弓外下方，再选用浅色腮红涂于颧弓处，使面颊显得有立体感（图3-110）。

图3-109　长脸腮红

图3-110　正三角形脸腮红

（5）倒三角形脸　倒三角形脸为前额较宽，下颌较窄，上宽下窄。由于面颊消瘦，腮红（图3-111）可做横向晕染，也可采用"标准腮红"的画法，偏面部中央做向外的横向晕染，过渡要自然，不要形成大面积的色块。

（6）菱形脸　菱形脸额角偏窄，颧骨较高，两腮消瘦，下巴过尖。色彩应淡雅，不宜修饰过重，淡淡地在颧骨上晕染，颧弓下方颜色可略重，上方颜色略浅，体现面部自然的柔和红润感（图3-112）。

图3-111　倒三角形脸腮红

图3-112　菱形脸腮红

（7）蛋形脸　蛋形脸是标准形脸，用腮红刷在瞳孔正下方延伸至苹果肌的位置，用腮红（图3-113、图3-114）以同心圆的方向逐渐向外扩大晕染，注意腮红边缘不要有明显的痕迹，过渡要自然。略胖的蛋型脸需要加腮红的暗影色修饰颧弓下陷的位置。

图3-113　蛋形脸腮红1

图3-114　蛋形脸腮红2

（四）唇部修饰

唇部是脸部肌肉活动机会最多的部位，口红既能反映一个人的个性、气质、品位和审美情趣，也是充分展示内心世界的外部窗口。通过对唇部的修饰，不仅能增加面部色彩，而且还有较强的调节肤色的作用，因此，唇部的修饰是化妆中较重要的内容。

1.唇部的生理结构

嘴唇由上唇和下唇组成。上下唇之间称唇裂，上唇中部有两个凸起的部位称唇峰，两唇峰之间的低谷称唇谷。唇的两侧为唇角（图3-115）。

2. 标准唇形的确立

标准唇形（图3-116）的唇峰在鼻孔外缘的垂直延长线上；唇角在眼睛平视时眼球内侧的垂直延长线上；下唇略厚于上唇，下唇中心厚度是上唇中心厚度的两倍；嘴唇轮廓清晰，嘴角微翘，整个唇形富有立体感。

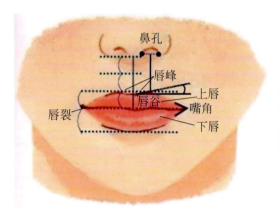

图3-115　唇的结构　　　　　　图3-116　唇的比例

3. 唇部修饰的步骤及方法

（1）步骤及方法

① 设计唇形。根据自身条件，设计理想唇形。

② 确定各点。在上唇确定唇峰的位置，在下唇确定与唇峰相应的两点。

③ 勾画唇线。连接确定好的各点，勾画唇线。勾画唇线的方法有两种，一种由嘴角处开始，向唇中勾画；另一种由唇中向嘴角勾画。

④ 涂口红。涂口红的方向与勾画唇线的方向一致。

⑤ 涂高光色。在下唇中央用亮色口红或唇彩进行提亮。

（2）注意事项

① 唇线的颜色要与口红色色调一致。

② 唇线的线条要流畅，左右对称。

③ 口红色彩变化规律为上唇深于下唇；唇角深于唇中部。

④ 口红色要饱满，充分体现唇部的立体感。

4. 常见唇形的表现风格

在化妆中，唇峰的位置直接影响着唇部的表现力，下面介绍几种唇峰的位置及表现风格。

（1）标准唇形（图3-117）　唇峰位于唇中至唇角的1/3处，此唇形为标准唇形，给人以亲切、自然的印象。

（2）丰满唇形（图3-118）　唇峰位于唇中至唇角的1/2处，此种唇形轮廓匀称，唇峰的高度和下唇相应位置厚度相同，给人较丰满的感觉。

图3-117　标准唇形

图3-118　丰满唇形

（3）性感唇形（图3-119）　唇峰位于唇中至唇角的2/3处，此种唇形有圆润、饱满和优美的微笑感，给人以热情的印象。

（4）敏锐唇形（图3-120）　唇峰凸出，略带尖锐倾向；唇角处稍向上提，给人以冷峻、严肃的印象。

（5）可爱唇形（图3-121）　上唇呈心形，下唇较丰满，给人以娇小、甜美、可爱的印象。

图3-120　敏锐唇形

图3-121　可爱唇形

5.唇形的矫正技巧

从美学角度来讲，唇部的美化仅次于眼睛，嘴唇能更直接地传达感情，也是女性最吸引人的地方。

（1）唇形过大

① 外观特征。嘴唇的外形过于宽大，会使面部五官比例失调。

② 矫正方法。可先在原唇形的边缘涂些粉底色进行适当的遮盖，后用唇线笔将唇形微向里收进行描画，可控制在2mm左右的宽度、唇线应描画得圆润流畅，上唇唇线易描画成方形，下唇则描画成船形。唇部色彩宜选择中性色，内轮廓略深于外轮廓，可起到收小唇部的效果（图3-122a）。

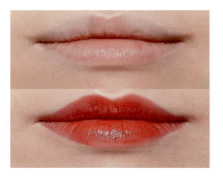

图3-122a　唇形过大画法

（2）唇形过小

① 外观特征。嘴唇的外形过于短小，亦会使面部五官比例失调。

② 矫正方法。用唇线笔将原唇形微向外扩充，沿唇外缘描画，但不可扩充过大，否则会显得不真实和不自然。唇部色彩宜选用偏暖的淡色，如粉红、浅橘色等，要强调颜色的饱和度（图3-123b、图3-123b）。

唇形过小画法
a

画之前　　　　　　　　画之后
b

图3-123　唇形过小画法比较

（3）唇形过薄

① 外观特征。上唇与下唇的宽度过于单薄，面部缺乏立体感。

② 矫正方法。选用较深于口红颜色的唇线笔，在原唇形外缘进行描画，上唇的唇线可描画得圆润些，下唇唇线宜描画成船形。选用略深色的口红沿唇线边缘向里晕染，应注意与唇线的衔接，唇中部可用淡色珠光口红或唇彩，使嘴唇丰润（图3-124）。

（4）唇形过厚

① 外观特征。唇形有立体感，显得性感饱满，但过于厚重的嘴唇，会使女性缺少秀美的感觉。

② 矫正方法。先在唇上涂粉底掩盖原唇形的轮廓，后用唇线笔在原唇内侧描画略小于原唇形的唇线，但距离不可拉得过大，否则会失真。唇色宜选用不含珠光的深色粉质口红（图3-125）。

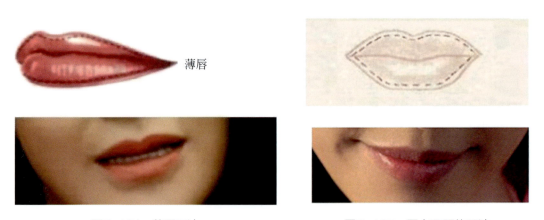

图3-124　薄唇画法　　　　　　图3-125　唇大而厚的画法

（5）嘴角下垂

① 外观特征。嘴角下垂易使人显得严肃，不够开朗。

② 矫正方法。用唇线笔将下唇唇线略向上方拉起，唇角位置适当提高，上唇唇线的唇峰与唇谷的位置略微降低。唇色则应下唇色深于上唇色，可在上唇中部施用珠光提亮色，下唇则不宜使用（图3-126）。

（6）嘴唇不对称

① 外观特征。嘴唇左右高度或上下薄厚不对称。

② 矫正方法。通过用唇线笔勾画，让上、下嘴唇薄厚度一致，再用唇膏勾画出完美的唇形（图3-127）。

图3-126　嘴角下垂的画法

图3-127　不对称唇的画法

（五）粉底的涂抹技法

涂粉底是借助化妆海绵或粉底刷实施的。用海绵或粉底刷涂抹粉底可以使粉底与皮肤结合得更紧密，速度快而且均匀；可以运用手指对海绵（图3-128）难以深入的细小部位，如鼻翼两侧、下眼睑及嘴角等处进行处理。海绵在使用前应用清水浸湿，再用干毛巾按干，使其呈微潮状态，以使粉底涂抹得更服帖。用粉底刷（图3-129、图3-130）以打圈的方式刷粉底，由鼻翼开始向脸颊涂刷，需要遮盖的部位用点拍的方式。

图3-128　用化妆海绵涂粉底

图3-129　用粉底刷涂粉底

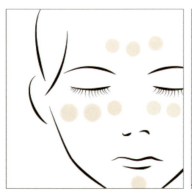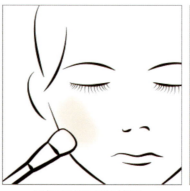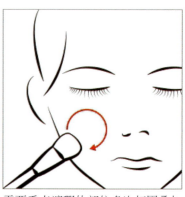

将粉底液点涂在脸部　　　　用粉底刷均匀涂抹开　　　　需要重点遮瑕的部位多次打圈叠加

图3-130　用粉底刷涂粉底的方法

1.肤色修饰的步骤及方法

① 用蘸有粉底的化妆海绵，在额头、面颊、鼻部、唇周和下颏等部位，采用点按的手法，由上至下，依次将底色涂抹均匀。

② 用高光色在需要提亮的部位，如鼻梁、额头、下颏处，采用拍打的手法进行提亮。

③ 采用平涂的手法，进行阴影色的晕染。如果要使用抑制色调整肤色，可在涂基础底色前用平涂的涂抹方法修饰肤色；如果想遮盖皮肤瑕疵，可采用拍打法将遮瑕膏涂于瑕疵处，并与基础底色相衔接。

④ 定妆就是用蜜粉扑或蜜粉刷将涂好的粉底固定，以防止皮肤因油脂和汗液分泌而引起的脱妆现象，起到柔和妆面和固定底色的作用，是保持妆面干净及底色效果持久的关键步骤。

a.蜜粉扑具体定妆方法（图3-131）。用粉扑蘸取少量干粉，轻轻地按压固定妆面。定妆时，千万不能用粉扑在妆面上来回摩擦，这样会破坏妆面。防止脱妆的关键在于鼻部、唇部及眼部周围，这些部位要小心定妆。最后用掸粉刷将多余的蜜粉掸掉。掸余粉时，动作要轻，以免破坏妆面。

b.蜜粉刷具体定妆方法（图3-132）。用蜜粉刷蘸取少量干粉，在面部以按扫的方式从鼻翼内侧向外上妆。

图3-131　蜜粉扑定妆　　　　　　　　　　图3-132　蜜粉刷定妆

2.注意事项

① 底色要求涂抹均匀,所谓的均匀并不是指面部各部位底色薄厚一致,而是根据面部结构特点,在转折的部位随着粉底量的减少而制造出朦胧感,从而强调面部的立体感。

② 各部位衔接要自然,不能有明显的分界线。在鼻翼两侧、下眼睑、唇周围等海绵难以深入的细小部位可用手指进行调整。

③ 阴影色、高光色的位置应根据具体的面部特征而有所变化。

④ 定妆要牢固,扑粉要均匀,在易脱妆的部位可多进行几遍定妆。

(六)鼻的修饰

鼻的修饰主要是指晕染鼻侧影。鼻部的化妆常常在肤色修饰及眼部修饰中进行。严格地讲,单纯的鼻部化妆是不存在的。由于鼻子位于面部正中,位置突出醒目,因此不能忽略对鼻子的修饰。

1.标准鼻形

标准鼻形(图3-133)的长度为脸长度的1/3,鼻的宽度为脸宽的1/5。鼻根位于两眉之间,鼻梁由鼻根向鼻尖逐渐隆起,鼻翼两侧在内眼角的垂直线上。

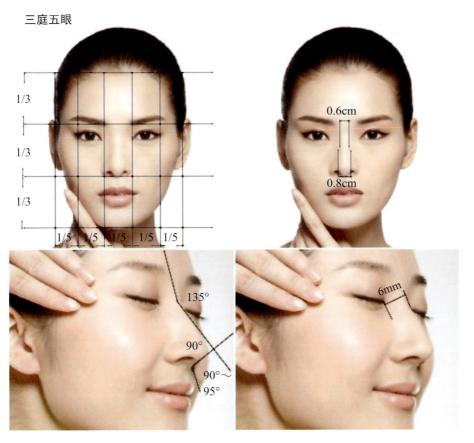

图3-133 东方人的标准鼻形

2. 鼻部修饰的步骤及方法

① 涂鼻侧影（图3-134、图3-135）。用鼻侧影刷蘸少量影色，从鼻根外侧开始向下涂，颜色逐渐变浅，直至鼻尖处消失。

图3-134　鼻侧影涂法1

图3-135　鼻侧影涂法2

② 高光粉可以使鼻子变得挺拔，用直扫高光粉的方式，令鼻子显得更加立体精致。如图3-136所示。

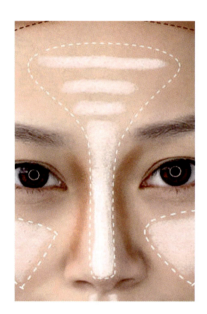
图3-136　鼻侧影高光/阴影位置

3. 各种鼻型矫正

（1）短鼻子　在刷鼻侧影时，应从下向上将鼻侧影色晕染至眉尖，向下晕染至鼻翼，中间高光部位由鼻根晕染至鼻头，视觉上增加鼻子的长度（图3-137）。

（2）山根低鼻头大　首先用阴影色强调眼头三角地带与鼻翼这两个重要部位，再用鼻侧影刷分别向眉头处、鼻梁和鼻头，最后向鼻翼带过，将色块晕染开为止，高光色由鼻根中心晕染至鼻梁2/3处渐渐减淡，将高光色与阴影色完全融合（图3-138）。

图3-137　短鼻子侧影画法

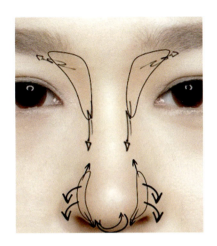

图3-138　山根低鼻头大鼻侧影画法

（3）鼻梁有结节　这种鼻型必须画出流畅的鼻型线条，跳过结节部分，不要再用提亮色强调鼻梁，重点放在鼻头（图3-139）。

（4）鼻头扁塌　鼻头扁塌除了眉头与眼头的三角地带扫上阴影外，还需要在鼻翼两侧打上如直角三角形般的阴影，鼻梁用高光提亮，注意阴影、高光与粉底的融合（图3-140）。

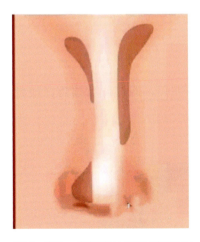

图3-139　鼻梁有结节鼻侧影画法

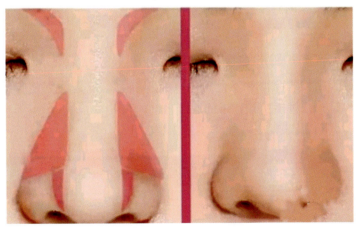

图3-140　鼻头扁塌鼻侧影画法

（5）注意事项

① 鼻侧影的晕染要符合面部的结构特点，注意色彩的变化，在鼻根处深一些，并与眼影衔接，越向鼻尖越浅，直至消失。

② 鼻侧影与脸部粉底的相连处色彩要相互融合，不要显出两条明显的痕迹，并且要左右对称。

③ 鼻子美不是越高、越翘、越挺拔就越好看，要与脸形整体结构和谐才好看。

（七）不同脸形的修容

1.阴影与高光

面部阴影与高光的位置（图3-141）。

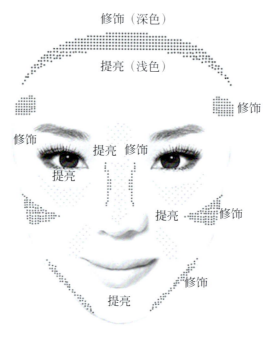

图3-141　面部阴影与高光的位置

2.各种脸形的修容

精致的脸形并不是每位女生都拥有，但是就算是脸形不完美，通过化妆技巧一样可以轻松修饰出精致标准的脸形。

（1）圆形脸的修容（图3-142）

图3-142　圆形脸的修容

① 圆脸给人感觉太圆润，偏短，修饰时向方脸形调整，略带棱角，修饰以小、长的视觉为主。

② 阴影部分在发际线连接至腮骨（圆弧），鼻梁两侧。

③ 提亮部分在T区、下巴。

（2）方形脸的修容（图3-143）

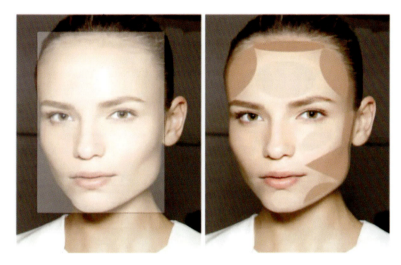

图3-143　方形脸的修容

① 方形脸给人的感觉棱角分明、缺少女性的柔美，修饰脸形主要以修饰圆润、柔和为主。

② 加深额头两侧、两鬓位置至两腮，全脸缩小，大面积提亮眼下三角区域和下巴，让五官更集中、立体。

③ 阴影部分在发际线、腮的部位（斜向）。

④ 提亮部分在T区、下巴、眼底下方U形区。

（3）倒三角形脸的修容（图3-144）

图3-144　倒三角形脸的修容

① 这种脸形基本上还是属于很受欢迎的脸形，比较短小的脸形配上尖尖的下巴，但是额头两侧过宽。

② 加深太阳穴至耳鬓部位，让额头和颧骨变小，提亮苹果肌和腮骨部分，让面部更饱满。

③ 阴影部分在上侧发际线、耳侧至腮骨上方、鼻梁两侧。

④ 提亮部分在T区、眼下方U形区。

（4）菱形脸的修容（图3-145）

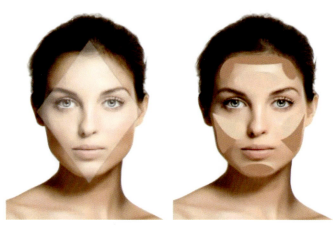

图3-145　菱形脸的修容

① 菱形脸颧骨处过宽。修容重点是脸部中间，尤其是额头处和下巴，使显突出，扬长避短。

② 柔和脸部线条，缩小颧骨。

③ 阴影部分在发际线、颧骨、下巴。

④ 提亮部分在T区、眼底下方、太阳穴。

（5）长形脸的修容（图3-146）

图3-146　长形脸的修容

① 长形脸给人沉稳、成熟的感觉，修容重点是缩短脸部长度。
② 上额、下巴以深色修容，两颊以浅色。
③ 阴影部分在额头发际线、下巴，根据不同的长形脸，酌情加腮部阴影。
④ 提亮部分在双颊、眼下方U形区。
（6）椭圆形脸的修容（图3-147）

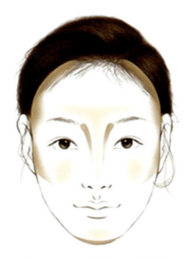

图3-147　椭圆形脸的修容

① 又称"鹅蛋脸"，特点是面部呈椭圆形，线条柔美，没有明显的棱角转折。
② 标准椭圆形脸可以省去修容。
③ 阴影部分在发际线至耳边、鼻梁两侧、下巴底端。
④ 提亮部分在T区、颧骨下方、下巴。
（7）正三角形脸的修容（图3-148）

图3-148　正三角形脸的修容

① 又称梨形脸，特点是额窄小而颌骨与腮宽大，角度转折比较明显，整体呈上窄下宽的状态。
② 重点是两腮与T字部位，太阳穴做暗影与提亮的修饰。
③ 阴影部分：两腮的阴影，下鄂角大面积用阴影做收敛。
④ 提亮部分：在眼下方C形区、T部位、下巴与太阳穴凹陷处用米白色提亮，改变面部的轮廓。

三、常见的脸形与修饰技法

（一）椭圆形脸

椭圆形脸俗称鹅蛋脸（图3-149），特点是面部呈椭圆形，面部线条柔美，没有明显的棱角转折。面部的长和宽比例大致为4∶3，是比较标准的女性脸形。三庭五眼的分割距离均是相等的。椭圆形脸给人文静、秀丽的感觉。

所有的修饰都是为了使不标准的脸形向椭圆形脸靠拢！

（二）圆形脸

圆形脸（图3-150）又称为娃娃脸，特点是脸短颊圆，面部肌肉丰满，面部线条转折比较缓慢，没有明显的棱角，缺乏立体感。面部的长宽比例小于4∶3，年轻人或肥胖者多有此种脸形。

图3-149　椭圆形脸

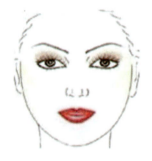

图3-150　圆形脸

1.圆形脸的优点

圆形脸使人显得可爱、明朗、有朝气，看起来比实际年龄偏小。

2.圆形脸的不足

圆形脸也存在不足，即缺乏鲜明的魅力，显得稚气。

3.圆形脸的修正

修饰的目的主要为了增加脸部的长度。

（1）**涂粉底**　用暗色涂于两腮，亮色涂于额中部并一直延伸至鼻梁上，下巴部位提亮；

(2) 画眉　眉毛适宜标准眉或方眉，修整时眉头压低，眉梢挑起；

(3) 鼻的修饰　鼻子挺直立体拉长，以减弱圆形脸的宽度感；

(4) 腮红　斜向晕染，过渡要自然；

(5) 发型　往上做高，加长脸的长度，最好不要往两边做蓬、做大。

（三）方形脸

方形脸（图3-151）的特点是前额与下颌宽呈方形，面部角度转折比较明显。两腮突出，下巴短，发际线平直，整个面部呈方形，脸的宽度与长度接近。

1. 方形脸的优点

方形脸使人看起来坚毅、刚强、有生气、积极、能干、可靠。

2. 方形脸的不足

方形脸的女性，看起来缺少女性温柔之美。

3. 方形脸的修正

修饰的目的是为了使人产生脸部加长的视错觉，掩饰面部棱角。

(1) 涂粉底　将暗影色涂于两腮和额头两侧；

(2) 画眉　适合带弧度上扬眉形；

(3) 鼻的修饰　鼻子拉长，增加方形脸长度；

(4) 腮红　腮红由鬓角往颧骨上刷至脸颊中间；

(5) 发型　发型注重头顶头发蓬松度。

（四）长形脸

长形脸（图3-152）特点是面部较长、面颊消瘦、骨骼明显，面部肌肉不够丰满，缺少横向宽度。面部长宽比例大于4：3。

图3-151　方形脸

图3-152　长形脸

1. 长形脸的优点

视觉效果立体,结构明显,显聪明智慧,优雅成熟。

2. 长形脸的不足

棱角过于生硬,不柔和,有严肃感。

3. 长形脸的修正

修饰的目的是为了削弱脸的长度。

(1)涂粉底 在前额发际线和下颌部涂暗影色,削弱脸形的长度;

(2)画眉 适合画平缓眉形;

(3)鼻的修饰 修饰1/3即可,重点在鼻根部;

(4)腮红 在颧骨处横打,切记竖着刷;

(5)发型 长形脸注重太阳穴两侧的发量饱满度。

(五)正三角形脸

正三角形脸(图3-153)也叫由字脸、梨形脸、贵妃脸,特点是前额窄小而颌骨与腮部宽大,角度转折比较明显,整体呈上窄下宽的状态。

1. 正三角形脸的优点

富态、威严、稳重,有安全感、依赖感。

2. 正三角形脸的不足

易显老,给人以迟钝、呆滞的印象。

3. 正三角形脸的修正

修饰的目的是为了营造额头较宽的错觉。

(1)涂粉底 用暗影色涂两腮,亮色涂额头两侧(C字区);

图3-153 正三角形脸

(2)眉毛 和方形脸一样,适合柔和一点儿的眉形,以减弱脸部的棱角感;

(3)鼻的修饰 鼻子挺阔、拉长可以调整脸形的长宽比例,减弱腮部的宽度;

(4)腮红 从太阳穴位置向颧骨斜打晕染;

(5)发型 发型注重太阳穴两侧的饱满度与头顶头发的高度。

(六)倒三角形脸

倒三角形脸(图3-154)俗称瓜子脸、心形脸,其

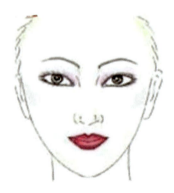

图3-154 倒三角形脸

特点是前额宽、下颌轮廓较窄,整体看上去上宽下窄,面部线条优美柔和,没有硬朗的转折角度。

1.倒三角形脸的优点

纯洁、秀气、天真、开朗、活泼。

2.倒三角形脸的不足

脸形消瘦,易给人以病态感。

3.倒三角形脸的修正

(1)涂粉底　在前额两侧和下巴处涂阴影色;

(2)画眉　适合弯眉;

(3)鼻的修饰　注意鼻根部的修饰,鼻梁提亮要有挺括感,鼻翼要小巧、圆润;

(4)腮红　从太阳穴位置向颧骨斜向晕染;

(5)发型　可以用刘海修饰两侧额角,发顶平略带蓬松感。

(七)菱形脸

菱形脸(图3-155)也叫钻石脸、申字脸,特点是前额窄小,两腮消瘦,颧骨较高,下巴较尖而且比较长,整体呈上下窄,中间宽的状态。这种脸形最具舞台性,很多模特都是这样的脸形,立体感强。

1.菱形脸的优点

高颧骨,具有立体感的魅力。

2.菱形脸的不足

敏感、尖锐,使人不敢亲近、熟络。

3.菱形脸的修正

图3-155　菱形脸

修饰的目的是为了增加上额和下巴的宽度,减少颧骨的高度。

(1)涂粉底　在腭骨旁和下巴处涂阴影色;

(2)画眉　适合平直的眉毛;

(3)鼻的修饰　鼻子注意不要过于挺立,鼻侧影宜柔和,注重鼻子上1/3处的修饰,弱化菱形脸的尖锐感;

(4)腮红　平打、斜打晕染;

(5)发型　可以留斜刘海或平刘海,修饰过窄的额头。

第四节
空乘人员发型基本要求与操作技巧

发型在人类生活中占据举足轻重的位置且有不可磨灭的功绩。现代生活中的发型，已不仅是人类出于劳动、生活以及社交礼仪等方面的需要，而将头发梳理成各种需要的样式。现代的发型是人们根据不同的需求和愿望为了达到特定的效果，体现不同的个性和不同的审美标准，也就是要提高男人的气质和尊严，女人的形象和魅力。

发型设计是一门综合的艺术，它涉及广泛，须掌握多门学科。影响发型设计的主要因素有：头型、脸形、五官、身材、年龄、职业、肤色、着装、个性嗜好、季节、发质、适用性和时代性。发型设计要求根据以上因素特点选择最适合个体形象的发型。

一、发型设计基本要求

（一）发型与发质

了解头发的发质特点，能帮助我们用恰当的方法，使用合适的护发用品保养头发，并能梳理出适合个人特点的发型。

1. 直硬的头发与大波浪

这种发质要想做出各种各样的发型是不容易的。在做发型以前，最好能用烫发剂将头发稍微烫一下，使头发能略带波浪，稍显蓬松。卷发时最好用大号发卷，看起来较自然。由于这种头发很容易修剪得整齐，所以设计发型时最好以修剪为主，同时尽量避免复杂的花样，做出比较简单而且高雅大方的发型来。

2. 服帖的头发与线条感短发

这种发质的特点是头发不多不少，非常服帖，只要能巧妙修剪，就能使发丝的线条以极美的形态表现出来。这种发质的人，最好将头发剪短，前面和旁边的头发，可以按自己的喜好梳理，而后面则一定要用能显出发丝线条美的设计，才是理想的发型。这样能给人以清新明媚之感。

3. 细软的头发与中卷发

这种发质的人适宜留长发或中长发，烫中度卷发或中偏小的发卷比较理想，会显得头发饱满，衬托出时尚气质。

4. 自然的卷发与卷曲长发

自然卷曲的头发，可以利用自然的卷发做出各种漂亮的发型。这种发质如果将头发剪短，需要结合脸形且在设计发型时最好以修剪为主；如果留长发则能显示出自然的卷曲美。

5. 柔顺的头发与俏丽短发

这种发质比较容易打理，适宜做出任何一种发型。由于柔顺的头发比较服帖，因此俏丽的短发比较适合，能充分表现出个性美。

（二）发型与头型

1. 头型的分类

人的头型大致可以分为大、小、长、尖、圆等几种形状。

（1）头型大　头型大的人，适宜剪有层次的中长或长直发；如果想烫发可做纹理烫。

（2）头型小　头发适宜做得蓬松一些，长发可以烫出蓬松感；头发不适宜留得过长。

（3）头型长　由于头型较长，故两边头发应做得蓬松，头顶部不宜做得过高，应使发型横向发展。

（4）头型尖　头型上部窄、下部宽，应注意头顶两侧的饱满度，适宜把头顶两侧的头发做蓬松，使头型呈椭圆形。

（5）头型圆　刘海可以吹得高一点儿，头顶适宜做高，调整发型纵向发展。

2. 发型的分类

发型对一个人精神面貌的影响非常重要，因此，很多女性都在发型上下功夫。女性发型的变化可以反映出自身的性格、个性、职业、兴趣和年龄特征等。

下面将女性的发型分为长发和短发两种类型阐述。

（1）短发类　有光泽的短发，能充分表现出女性活泼的性格和干练的个性特征，并透露出阳光而充满活力的气质。

（2）长发类　长发是女性美的象征，长发飘逸是女性最温柔的写意。如风吹细柳般的自然长发，表现出女性的秀外慧中、自然清新；粗犷卷曲的长发，给人以华丽高雅的感觉；将长发在头顶部束起，给人以精神饱满、干净清爽的形象。长发可以披肩，可以高束，可以低扎，也可以编辫子，发型可变性强。

男性的发型，除了一些较有个性和身份的人士，如艺术家等会留长发外，一般是短发为主，发型有平头、中分和偏分。男性一般要经常理发，以保持干净利落、精神焕发的形象。

（三）发型与脸形

发型与脸形的搭配十分重要，既可以利用头发呈现出适当的线条或块、面改善脸形

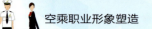

的不足，也可以将部分头发梳得蓬松或服帖以增加或减少某部分的块、面，改变脸部轮廓。选择恰当的发型，既可以为自己的脸形扬长避短，更可以体现发型与脸形的和谐之美。不同脸形的人在为自己选发型时，往往会有一些不同的要求。

发型与脸形的搭配大致有下列几种情况。

1. 椭圆形脸

椭圆形脸通常被认为是标准脸形，俗称"鸭蛋脸"，尤其是女性，更能给人以高贵典雅的感觉。此种脸形适合于各种发型，并能达到很和谐的效果。但发式不宜过分复杂，以自然简洁为主，以免弄巧成拙，影响脸形的美丽。

2. 圆形脸

圆形脸的人，五官集中，额头与下巴偏短，双颊饱满，圆圆的脸给人以温柔可爱的感觉，较多发型都适合。圆形脸女士可选择垂直向下的发型，将顶部的头发适当丰隆，可使脸形显长。宜侧分头缝，以不对称的发量和形状来减弱脸形宽的特征。面颊两侧的头发适当收拢，减少脸圆的感觉。若留短发，发型应该顶部高，两侧略收紧，不宜做太短的发型；若留长发，应利用垂直发型削弱两侧的宽度。对于圆脸男士选择小型发式效果比较好，鬓角可以修剪成方形，顶部为平面造型的寸发。

3. 长方形脸

长方形脸过长，前额发际线生长较高，下颌较宽较长，给人以朴实的印象。长方形脸的人发型设计应重在抑"长"。长方形脸的女士应避免把脸部全部露出，尽量以稍微弯曲的刘海遮住过高的额部，顶发不可高隆，这样可以缩短脸部长度。发型侧面向外梳理成蓬松状，形成加强宽度的效果，或剪出有层次感的垂发式，能给人柔和的感觉。长方形脸的女士可留蘑菇发型，避免长直发；长方形脸的男士应避免小型发式或向后梳理的后背发型，那样脸形会显得更长。

4. 方形脸

方形脸的人额部高而开阔，两腮突出，下颌较宽，轮廓较为平直，缺乏柔和感，给人以刚毅坚强的感觉。在设计发型时，应选择显柔和的发型，重点侧重于以圆破方，以发型来加长脸形。柔软浪漫的卷发自然地掩饰了脸部的"刚硬"部分，发尾部分可以修剪出更多层次，不宜选紧贴头皮的超短发；长长的碎直发也是不错的选择，发丝自然飘垂，整张脸庞显得曲线玲珑，长度超过下巴的BOB头也可以尝试。方形脸重点利用大侧分的轮廓制造出不对称的重量感，破除方脸形状。

5. 由字形脸

由字形脸的人，额窄而腮宽，缺少灵秀之感，但给人以持重、稳健的印象。在设计发型时，应力求上厚下薄、顶发丰隆。由字形脸的女士前额应修剪出自然下垂的发帘刘海，最好剪成齐眉的长度，隐隐约约现出额头，发型两侧放松，线条柔和。直发可以修剪出参差层次，发梢从两侧向后逐渐变长，后部呈V形，两侧参差的发丝对于遮住过宽的腮部具有一定作用。适合由字形脸的男士发型要求上部造型饱满，两鬓偏厚，整体轮廓的线条从腮部圆顺下去，可减弱原有脸形的效果。

6. 甲字形脸

甲字形脸的人，额宽而下巴尖，给人以瘦小灵气的感觉。修剪出有层次感的刘海长度到眉毛附近，圆润感的刘海可以突出头型的纵深感，使额头两侧突出的部分不至于过分明显。短发可选顶部和前额的头发略长而后面较短的精灵头，很适合心形脸形；如果喜欢长发，可以把下巴周边的头发做出卷度，用曲线造型弥补尖下巴带给人的距离感。

7. 菱形脸

菱形脸呈上下尖，中部宽的形状，通常颧骨比较高。菱形脸的女士应避免直发型，发型整体轮廓要饱满，强化头发的柔美，适合饱满的侧分刘海，后脑勺的头发要尽量蓬松，整体线条细长柔和，这样可以缓和脸形的结构。菱形脸的男士发型不适宜过短，两侧头发的轮廓要圆顺、丰满，前额最好以侧分发掩饰。

二、空乘职业发型

（一）空乘职业对发型的要求

空乘职业由于其工作具有一定的特殊性，所以在工作中对发型的要求高过其他服务行业，发型的设计必须符合空乘人员的工作形象要求，其原则如下。

① 符合服务行业的形象标准，干净清爽、端庄得体，同时方便进行相关空中乘务工作。

② 扬长避短。一个设计成功的发型，要突出面部的优点，修饰脸形的不足。

③ 富有个性。每个人的脸形和气质都不一样，要根据自己的脸形设计适合自己的发型，端庄发型配上得体的职业装才能凸显出空乘职业的高雅。

空乘人员在选择发型时，应当有意识地体现出庄重而保守的整体风格，唯其如此，才能与乘务员的具体身份相称，才易于得到服务对象的信任。空乘人员通常不宜使自己的发型过分地时尚，尤其是不要为了标新立异，而有意选择极端前卫的发型。

（二）男乘务员发型特点

空中乘务职业对男乘务员的发型提出以下几点要求。

1. 剪短头发

男乘务员的发型必须做到：前发不覆额，侧发不掩耳，后发不触领。前发不覆额，主要是要求头前的头发不遮盖眼部，即不允许留长刘海；所谓发不掩耳，主要是要求两侧的头发不长于耳垂底部，即不应当留鬓角；所谓后发不触领，则主要是指脑后的头发不宜长至衬衣的衣领。为了保持自己的短发，应根据头发生长的一般规律，至少大约每半个月理一次发，最为恰当。

2.不准染发

头发必须保持自然的发色，不准染成其他颜色的头发。

3.适当打理

①洗发后，将头发按所需造型方向吹干；
②将造型产品均匀涂于手上，按造型所需方向涂匀、抓发尾；
③打造空气层次感、纹理感，注意整体造型；
④用发胶或啫喱定型，最后调整，避免毛躁。

4.注意事项

①男性造型时注意发根部分要吹起，易于造型；
②造型的发胶、发蜡不宜过量；
③细软的头发选择造型产品要达到硬挺的效果。

男乘务员的发型如图3-156、图3-157所示。

图3-156　男乘务员发型1

图3-157　男乘务员发型2

（三）女乘务员发型特点及盘发流程

1.发型端庄大方

女乘务人员在选择发型时，必须与其空乘服务人员的身份相称，符合本行业的要求——端庄、清爽、大方、得体。

2.长短适中

女乘务员可留短发，但短发造型不宜奇特，头发长度不能超过衣领，前发须保持在眉毛上方，不宜挡住眼睛，两侧头发干净利落、服帖；如果留长发，须将长发束起来，盘于脑后，发髻高度适宜。

结合脸部特征盘发时也要做适当修饰。长形脸不适合头顶发太高，可适当增加头两侧发的高度，因脸长再做高增加了头部高度，显得脸形更长；圆形脸可增加头顶发的高度，以增加脸的长度。头发量少者可利用假发装饰或加些海绵等添加物使头发更加饱满。

女性乘务员发型如图3-158、图3-159所示。

图3-158　女乘务员短发

图3-159　女乘务员盘发

3.不准染发

除了自然发色以外，女乘务员不准染其他发色。

4.盘发流程

（1）准备盘发用具　盘发需要准备黑色皮筋、隐形发网（根据发色选择发网颜色）、U形夹、发垫、发胶或啫喱、尖尾梳（如图3-160、图3-161）。

图3-160　盘发用具

图3-161　发垫

（2）盘发分区

① 后背式发型。先将头发分区（图3-162），用夹子固定，发量的薄厚根据头发前半部分发量，厚度以遮住分区发垫部分为准，头顶扁平可以将分区头发倒梳后遮盖发垫。

② 侧分式发型。以眉毛的眉峰为点用梳子画一条延长线，此线为发型的侧分线，如果太阳穴两侧凹陷，可以垫发垫以增加饱满度。

（3）倒梳　头发的长度以刚好过肩为宜，洗过吹干的头发才能轻松制造出空气感，倒梳时用手抓起预留出来的头发并用尖尾梳倒梳使头发产生蓬松感（图3-163），在接近发根段，由上往下倒梳。倒梳时，速度快慢无妨，打毛的位置可以由头顶延伸至双耳，注意对称。根据自己的脸形，选择头顶高度和位置，倒梳后标准高度为3～5厘米。

图3-162　头发分区

图3-163　倒梳

（4）梳马尾　将所有头发梳理通顺后将马尾用皮筋捆扎起来（图3-164），让发型既有蓬松感，又能体现完美圆弧状态。马尾的高度与耳廓上部平齐（图3-165），用高弹力皮筋扎马尾，可以把马尾扎得更紧，马尾越贴合头部，对头皮的拉扯感越小，固定的发髻也更牢固，最后用定型产品将头顶部的碎发粘于表面，可根据需要在耳后每侧各用一个一字夹固定。

（5）隐形发网固定　将发网套在马尾上，用U形夹把发网固定在马尾上，然后把发网撑开，将头发全部放入发网中（图3-166）。拉伸发网，将马尾全部放入发网中，拉住发网一侧的边缘，按同一方向包住马尾。

（6）盘发卷　将包有发网的马尾轻轻旋转，手掌配合托住头发，发网末梢藏进发里，用外层翻压，整体呈现圆形的花卷状，并紧贴于头部，不要盘绕成多层螺旋状（图3-167）。

图3-164　梳马尾

图3-165　梳马尾高度

图3-166　发网固定

图3-167　盘发卷

（7）固定发卷　根据发量用4～8个U形夹分别在上、下、左、右四个方向固定发网，U形夹垂直头皮插入，再朝着皮筋的方向插入头发中，整理碎发，发卷四周的碎发必须用发胶固定好，特别要注意颈部上方的碎发（图3-168）。

（8）盘好后的发型展示　整个发型显得非常干净、整洁，没有杂乱的碎发，有立体感，如图3-169所示。

（9）头顶部头发的调整　将头顶部头发用尖尾梳做微调整，让头顶部头发有蓬松感不紧贴于头皮。后背式盘发如图3-170所示，侧分式盘发如图3-171所示。

图3-168　固定发卷

图3-169　盘好的发卷

图3-170　后背式盘发

图3-171　侧分式盘发

三、头发清洗与养护

1. 头发的生理特点

头发是由角化的表皮细胞构成,主要成分是角蛋白。头发的结构分为毛干及毛根两部分。毛干露于皮肤外，可分为三层：表皮层是头发的最外层，约占百分之十，是毛发的外衣，由7～9层鱼鳞片状物覆盖着，有保护作用，而鳞状物重叠越整齐，头发越漂亮；皮质层介于表皮层与髓质层中间，约占百分之八十，由角质蛋白组成纤维状，含有大量的自然色素粒子，毛皮质反映出毛发的颜色，烫发染发都是对毛皮质起作用，因它最容易吸收水分，也最容易受药物作用，同时它还提供毛发的弹性；最内层是髓质层，约占百分之十，主要功能是从头皮中吸取营养供毛发生长，毛根斜插在毛囊内，由毛乳头吸收营养，是毛发的生长点。

人的一生中大约可以生长出一百万根头发。在正常情况下，头发每天脱落50～80根。头发在健康的状态下，一个月能长1厘米左右，但是头发的生长速度也不是绝对不变的，也会受季节和年龄的影响。春夏两季头发生长速度快，而秋冬季节相对缓慢。每根头发需生长4～7年，然后进入休止期，最后脱落。在脱落的部位，一般在三个月内一根新的头发可从同一毛囊中长出。在同一时期，约10%的头发处于休止期，而其余90%的头发处于生长活跃期，但头发的生长速度随着人年龄老化而逐渐减慢。当毛囊持续萎缩时，头发会逐渐变短变细，导致最终形成生不出头发的微小毛囊。

头发具有以下功能：美观形象；修饰面容；保暖防冻、散热、隔热；防紫外线；防有害物质；保护头部，缓冲对头部的伤害；判断疾病，可通过测定头发中微量元素含量多少，为诊断某些疾病提供依据。

2. 发质的类型

发质的类型由头发的天然状态决定，即由身体产生的皮脂量决定，不同的发质有不同的特性。

（1）中性发质　这种发质具有柔滑光亮的特点，既不油腻也不干燥，软硬适度，丰润柔软顺滑，有自然的光泽。头皮轻微油性，整发后不易变形，基本没有头皮屑。

（2）油性发质　头发油腻，触摸有黏腻感，洗发一两天后即发现油乎乎地粘在一起并伴有头皮屑，头皮瘙痒，容易产生湿润的头垢。由于皮脂分泌过多，使头发油腻，大多与荷尔蒙分泌紊乱、遗传、精神压力大、过度梳理以及经常进食高脂食物有关，这些因素可导致油脂分泌增加。发丝细者，油性头发的可能性较大，这是因为每一根细发的圆周较小，单位面积上的毛囊较多，皮脂腺同理增多，故分泌皮脂也多。

（3）干性发质　油脂少，头发干而枯燥，无光泽；触摸有粗糙感，不润滑，易缠绕、打结；松散，造型后易变形；头皮干燥，容易有头皮屑。特别是在浸湿的情况下，难于梳理，通常头发根部颇稠密，但至发梢则变得稀薄，有时发梢还开衩。头发僵硬，弹性较低，其弹性伸展长度往往小于25%。干性发质是由于皮脂分泌不足或头发角蛋白缺乏水分，经常漂染或用过热温度水洗发，天气干燥等造成的。

（4）混合性发质　头皮油腻但头发干燥，靠近头皮1厘米左右头发多油，越往发梢越干燥甚至开叉，是一种干性发质与油性发质的混合状态。处于行经期的妇女和青春期的少年多为混合型头发，此时头发处于最佳状态，而体内的激素水平又不稳定，于是出现多油和干燥并存的现象。此外，过度烫发或染发，又护理不当，也会造成发丝干燥但头皮仍油腻的发质。

（5）受损头发　头发干燥，缺乏光泽，摸起来有粗糙感，梳发时伴有很多断发，发尾分叉是最为常见的现象，这多半是因使用强力漂染剂和烫发剂、洗头不当、暴晒过度、健康欠佳导致的。另外，过热的发卷、发钳、吹风器等也会对头发造成损伤。

头发也有软硬之分，细软的头发烫后很容易变直，而较硬的头发烫后能保持很久。如果是特别粗硬的头发，在整理前，最好用油性烫发剂烫一下，使之稍稍柔软些或者剪去部分头发，以减轻梳理困难。

3.头发的清洗

（1）梳发　洗头发之前，最好花点时间将头发先梳一梳，梳头可以将打结的部分解开，可以去掉头发上的浮皮和脏物，并给头发以适度的刺激以促进血液循环，使头发柔软而有光泽。正确的梳发方法是：首先从梳开散乱的毛梢开始，然后一段段往上梳，一点点梳向发根。

（2）洗发　选择适宜的水温，用温水可以比较温和地将头发上的头油清洗掉。先要用水浸湿头发，把少许洗发水挤在手上，两手揉搓出泡沫后，均匀地涂抹在头发上。用手指腹按摩似的揉搓头皮及头发，洗发水在头发上持续5～10分钟后冲洗。冲洗之后，可以再重复1次。头发上的脏物是引起头皮屑过多和脱发的原因之一，而且有碍于头发的正常生长。洗头的目的就在于洗掉头皮和头发上的污物，所以，要保护好头发，就要在洗头时按摩头皮和头发，使头发经常处于清洁状态，同时通过手指对头皮的按压，能够改善头皮健康、血液循环，当然就可以提高头发的健康度。

（3）护发　先把少许护发素挤在手上，先在手中轻揉，温热软化护发素。再将护发素从后往前均匀地涂抹在头发上。用手指腹按摩似的揉搓头皮及头发，使头皮和头发都得到滋润。持续1～3分钟后，再用温水冲洗干净。反复漂洗，直至头发上下没有洗发水和护发素为止。

（4）擦干　用毛巾擦干头发是比较传统的方法，正确方法是洗头后用毛巾把头发在头上盘起包好，几分钟后，待毛巾吸收了部分水分，再轻轻挤干水分。一定要用轻压的方式将水分挤干，注意千万不要往下拉拽头发，这样会使头发断裂。

（5）吹风　洗发后，用毛巾擦掉水分，然后将头发一点一点地拢起用吹风机吹至半干，根据个人需要做出各种发型。吹干头发要注意风的温度不要过热，距离要适度，尽量缩短使用时间。

（6）定型　头发半干时，用定型产品定型。直发可以用发蜡、发油涂抹到头发上，改善发质，柔顺发梢。卷发可以用摩丝等涂在发根，可以使头发蓬松并容易整理发卷，不过会使头发干燥，要谨慎使用。

4.头发的养护

（1）选用合适的洗发品　正确地选择洗发水是呵护秀发的首要基础。必须针对头发的特质选择适合的洗发水。头发健康适合正常发质的洗发水，它的主要功能在于一般性的清洁和温和的护发功效。细发者可以选择能够使头发增粗的洗发水，该洗发水除具有特别温和的洗涤成分外，还有角蛋白、丝蛋白或植物浸膏等成分，可令头发丰满有型。

油性头发适合去油作用强，并有令头发油脂分泌正常的植物浸膏。适合干性和开叉头发的洗发水含羊毛脂、卵磷脂以及能使头发柔软光滑的合成黏合物，它可以黏合鳞片中的裂痕，令头发顺滑易梳。头皮屑多者可以使用去屑洗发水，这种洗发水含有可将头皮上将要脱落的皮肤碎料分离出来的洗涤成分，还有阻止新的头屑产生的成分，通常还伴有杀菌止痒的功效。

（2）梳理头发得当　每天梳理头发可以刺激血液循环，促进头发更新，并且使头发更加丰润。梳理头发时，头发最容易受伤，梳理时要加倍小心。如果头发打结，要把头发分成几部分，先从发梢开始，一点一点地逐渐向上梳去，打通所有发结后再从上向下顺，不要用力拉头发，防止弄断。梳子的优劣也很重要，最好选用骨质、木制品，梳齿端圆润光滑的。梳时不可用力过猛，长发应选择长粗齿的梳子，可减少对头发的损伤。

（3）定期科学洗发　洗头能促进头皮细胞分泌，有改善发梢、健全发质的功效。据最新的科学研究发现，天天洗头不仅可以保持头发健康、干净，也给人卫生整洁的良好形象。但是，天天洗头并不适合所有人，对于头发本来就比较干燥的人来说，天天洗头会把皮脂腺分泌的油脂彻底洗掉，引起头发受损或掉落，反而对头发健康不利。所以，洗头的频率应根据个体差异、季节和所从事的工作而定。洗发时，水温以40摄氏度，感觉舒适为宜，不可太烫。头发先用水浸湿、浸透，然后涂抹洗发水，从发根至发梢反复揉搓、按摩。洗发水在头发上持续5～10分钟后冲洗。同样的方法反复两次。再用同样的方法使用护发素，涂后1～3分钟，用温水冲洗干净。最后用毛巾将头发拍干，用宽齿梳子轻轻梳理，排除打结，最好再用吹风机吹干。

（4）合理吹干头发　吹风之前，头发半干，先将头发梳开，避免头发打结，在吹整的过程中受到损伤。尽量缩短吹整时间，吹风机与头发之间距离远一些，温度不要太高。建议每周热吹头发不要超过3次，否则会使头发过于干燥，引起发梢分叉。

（5）选择舒适发型　舒适发型有利于头皮血液循环。如果把头发紧箍在一起，头皮被拉得很紧，会损伤发质，头发容易脱落。当然偶尔紧束发没有关系，只是应该避免每天如此。女乘务员经常不得已把头发盘在脑后，休息的时候最好让头发休息一下，松散自然为好。

（6）坚持头部按摩　只有头皮血液充足，才能有一头乌黑、亮丽的头发。按摩头部可调节皮脂腺分泌，促进头皮的血液循环及头发的新陈代谢，并且松弛紧张的肌肉，使头发润泽健美。常梳头发有按摩的功效。洗发前和有空闲的时候都可以进行头皮按摩，可用五指代替梳子梳理，先从后脑勺开始，以画圆圈的动作到达头顶、两侧以及额头边缘。注意用手指轻而缓慢地揉动，不要用手指甲去抓，也不要用手掌去推。

（7）全面补充营养　头发生长需要营养素，如蛋白质、脂肪、氨基酸及微量元素，如锌、铁、钙等。鱼肉、蛋、乳类等含有丰富的碘；动物肝、牛肉、牡蛎、花生、马铃薯、萝卜、粗面粉含有丰富的铁；乳类、鱼类、虾皮含有丰富的钙。常吃这些食物，可使头发光泽柔润而富有弹性。另外，芝麻中含有丰富的胱氨酸、钾、硫丁氨酸，是促进头发健美的美容品，骨头汤中含有类蛋白质骨胶原，有强身健发的作用。

第五节 空乘人员职业妆设计

航空公司要求空中乘务员上岗前化职业妆，是为了体现空乘职业的统一性、纪律性，为了展现航空公司的整体形象，体现对职业的尊重，对乘客的尊重。通过化职业妆，寻找到空乘职业特点的感觉，更好地规范乘务员的行为举止。

以下通过几位学生模特进一步对空乘人员的职业妆设计做讲解。

一、女乘务人员职业妆设计

职业妆设计要与自身特点相结合，虽然每个人的脸部轮廓和身材气质都是不一样的，但最终要设计出突出职业特征，体现精神面貌，妆容与制服和谐，实现整齐划一的效果。女乘务人员化工作妆以淡妆为主，简约、清丽、素雅，具有鲜明的立体感。既要给人以深刻的印象，又不显得脂粉气十足，不能化过浓、过艳、过淡、过冷的妆面。女乘务人员职业妆的特点是清淡而又传神，给人以干净、整洁、自然、大方、稳重、高雅，富有亲和力的印象。

1. 女模特1：圆形脸

（1）五官特点　女模特是圆形脸，柔美、优雅，五官比例均衡，面部不足为太阳穴略凹陷、两腮咬肌略宽，左右脸略微不对称（图3-172）。

（2）妆容塑造

① 粉底。模特皮肤质地细腻、光滑，选择与肤色接近的液体粉底，用粉底刷涂抹均匀。

② 修容。利用膏状修容修饰面部凹凸部分，太阳穴、鼻梁凹陷处利用白色修容膏提亮，用浅棕色刷出鼻侧影，右脸颊用暗色修容膏修饰，使得左右脸对称同时又有立体感，利用透明定妆粉定妆，底妆无厚重感，打造面部零瑕疵的妆效。

③ 眉形。模特1是圆脸，适合高挑眉形，高挑的弧度让五官不那么集中，使脸部拉长。模特本身眉毛略高挑，选择深棕色眉笔顺着原有的眉形进行描画，就非常完美（图3-173）。

④ 眼线。模特的眼睛圆，通过画眼线与涂眼影将眼睛拉长，选择眼线膏，用前窄后宽的画法，拉长眼尾。

⑤ 眼影。眼影的颜色选择适合塑造立体感的棕色系，

图3-172　女模特1素颜照

用横向画法，以圆头眼影刷蘸取浅色眼影晕染上眼睑，再用小号眼影刷蘸取深棕色眼影在眼线外边缘的1/3处晕染，塑造出眼影的层次感，下眼影选用深棕色，并用小号刷晕染下睫毛的2/3处，眉弓骨处（眉峰下方）用白色眼影提亮，使眼部凹凸分明，增加眼睛的立体感。

⑥ 睫毛。选用黑色浓密睫毛膏，刷出根根分明的效果，使睫毛灵巧动人，双眼明亮有神。眼妆对比如图3-174所示。

图3-173　眉妆对比

图3-174　眼妆对比

⑦ 腮红。腮红选择与棕色眼影搭配的暖色调橘色腮红，圆脸选用斜长腮红的画法，从颧骨下方向太阳穴位置上色，注意渐层晕开，增加面部红润感，同时有修饰脸形的效果。

⑧ 口红。口红的颜色，选择与妆面整体搭配的暖色调橘红色，用唇刷刷出唇形，再用唇刷涂满，下唇略厚于上唇，嘴角微翘，唇峰较清晰，整个唇部富有立体感。腮红、口红妆对比如图3-175所示。

⑨ 发型。模特圆脸，发际线后移，侧分发可以修饰发际线，碎发全部收起，用发胶或碎发神器定型模特的完整妆面如图3-176所示。

图3-175　腮红、口红妆对比

图3-176　完整妆面

⑩ 模特整体造型如图3-177～图3-179所示。

图3-177　春、秋季服装整体造型　　图3-178　夏季服装整体造型1　　图3-179　夏季服装整体造型2

2.女模特2：甲字脸

（1）五官特点　女模特2为中庭略偏长的甲字脸，五官精致，不足之处是外眼角略下垂，发际线后移，太阳穴略凹陷。其素颜照如图3-180所示。

（2）妆容塑造

① 粉底。选择与肤色接近的粉底色号，用粉底刷涂均匀。

② 修容。在发际线的边缘涂发际线粉，修饰发际线后移，鼻梁与眼底下方U形区、太阳穴用白色修容膏提亮，选择浅咖色刷鼻侧影。

③ 眉形。中庭偏长，眉毛用深棕色眉笔顺着眉形描画平缓眉，眉头下压，缩短中庭的长度，让五官中三庭比例均衡，眉头颜色要浅（图3-181）。

④ 眼线。模特的眼尾略下搭，眼线用前窄后宽的画法，提升外眼角，再拉长眼尾，调整眼睛的长度。

⑤ 眼影。眼影选择冷色系的灰与紫色搭配，用圆头眼影刷蘸取白色眼影打底，再用中号眼影刷蘸取灰色眼影涂至眼窝凹陷的部位，最后用小号眼影刷蘸取紫色眼影作为点

图3-180　女模特2素颜照　　　　图3-181　眉妆对比　　　　图3-182　眼妆对比

缀色，涂在外眼角的1/3处，修饰出眼尾的上扬感，眉弓骨用白色提亮，使眼睛明亮有神。眼妆对比如图3-182所示。

⑥睫毛。睫毛膏选择黑色浓密型与卷翘型相互搭配，先刷出睫毛的卷翘感，再刷出浓密感，让睫毛达到更浓密更卷翘的效果。

⑦腮红。腮红选用冷色调的粉色，选用横向刷法，修饰脸形同时增添气色，注意腮红的边缘忌有明显的痕迹。

⑧口红。口红颜色的选择要与冷色调眼妆搭配，模特2五官柔和，为了强调五官的立体感，口红选用玫红色，用唇刷刷出微翘的嘴角，唇峰比较清晰，整体嘴唇富有立体感。腮红、口红妆对比如图3-183所示。

⑨发型。为了修饰发际线后移，发型选择中分，头顶利用倒梳增加适量的高度，碎发全部收起，用发胶或碎发神器定型。完整妆面如图3-184所示。

图3-183　腮红、口红妆对比　　　　图3-184　完整妆面

⑩ 模特整体造型如图3-185～图3-187所示。

图3-185　春、秋季服装整体造型

图3-186　夏季服装整体造型1

图3-187　夏季服装整体造型2

3. 女模特3：椭圆形脸

（1）五官特点　女模特3的脸形是椭圆形脸（蛋形脸），甜美、可爱，五官比例比较标准，不足之处是太阳穴略凹陷，鼻梁不够挺括。其素颜照如图3-188所示。

（2）妆容塑造

① 粉底。选择自然色号的粉底液，用粉底刷涂均匀，粉底要轻薄有光泽。

② 修容。用深色膏状修容涂在颧骨下方，达到瘦脸的效果，鼻梁与太阳穴凹陷处用白色提亮，修饰出中庭的立体感，利用透明定妆粉定妆，底妆无厚重感，打造妆面清透感。

③ 眉形。模特脸形标准，眉形选择宽泛，用灰色眉笔为模特描画略上扬的眉形，眉毛注意上虚下实，再选用透明眉胶梳理眉头，如图3-189所示。

④ 眼线。选择黑色眼线液描画眼线，拉长眼尾，眼线略加宽，调整眼睛的高度。

⑤ 眼影。选择灰色和紫色搭配，先用圆头眼影刷蘸取浅色眼影在上眼睑打底，再用

图3-188　女模特3素颜照

图3-189　眉妆对比

中号眼影刷蘸取灰色眼影从睫毛根部涂至双眼皮褶皱处，涂出层次感，最后用小号眼影刷蘸取紫色眼影涂在眼尾的1/3处，做点缀色增加眼部的立体感，下眼影用紫色晕染至外眼角2/3处，上下呼应的色彩让眼妆不显得突兀。

⑥ 睫毛。用睫毛夹将睫毛夹出自然、卷翘的弧度，选择浓密纤长的睫毛膏，刷出浓密纤长的睫毛，让眼睛看起来明亮有神，轮廓清晰，如图3-190所示。

⑦ 腮红。选用冷色调粉色腮红大面积打在笑肌上，在笑肌的最高点再加深腮红颜色，刷出腮红的层次感，增加面部红润的同时加强轮廓感。

⑧ 口红。口红颜色选择与眼影、腮红搭配的冷色调玫红色，先用唇刷刷出唇的边缘轮廓，再在上下唇闭合处涂刷口红，将唇部填满，加深唇角，增加唇部立体感。腮红、口红妆对比如图3-191所示。

⑨ 发型。模特太阳穴略凹陷，选择三七分发型，弥补脸形的不足，碎发全部收起，用发胶或碎发神器定型。完整妆面如图3-192所示。

图3-190　眼妆对比

图3-191　腮红、口红妆对比

图3-192　完整妆面

⑩ 模特整体造型如图3-193～图3-195所示。

图3-193　春、秋季服装整体造型

图3-194　夏季服装整体造型1

图3-195　夏季服装整体造型2

4. 女模特4：偏菱形脸

（1）五官特点　女模特4的脸偏菱形，两腮偏圆润，是非严格意义上的菱形脸，端庄、严谨，面部不足之处是两眼间距近，额角偏窄。其素颜照如图3-196所示。

（2）妆容塑造

① 粉底。选择适合模特的自然色号粉底液，用粉底刷涂均匀，注意要轻薄。

② 修容。用深色暗影膏削弱颧骨的高度和下颌角的宽度，鼻侧影的位置用白色修容提亮鼻根凹陷处、眼底下方U形区和额头中部区域，深色与浅色修容与粉底过渡要自然。

③ 眉形。模特为菱形脸，要利用眉形修饰出女性的柔美感，用深棕色眉笔描画出上扬的眉形，眉毛不易过细，注意上虚下实，描画出眉毛的质感。

④ 眼线。选择黑色眼线液描画眼线，拉长眼尾，眼线略加宽，调整眼睛的高度。

⑤ 眼影。选择灰色系，用圆头眼影刷蘸取浅色眼影在上眼睑打底，用中号眼影刷蘸取灰色眼影从睫毛根部涂抹至双眼皮褶皱上，涂出层次感，用小号眼影刷蘸取深灰色眼影涂在眼尾，眉弓骨提亮，增强眼部的立体效果，整个眼妆重点强调外眼尾。

⑥ 睫毛。用睫毛夹将睫毛夹出自然、卷翘的弧度，选择浓密纤长的睫毛膏，刷出浓密纤长的睫毛。眉妆、眼妆对比如图3-197所示。

图3-196　女模特4素颜照

图3-197　眉妆、眼妆对比

⑦ 腮红。选择冷色调的粉色，淡淡地在颧骨上晕染，在颧骨侧面最高点选用略深色号的冷粉色修饰颧骨的凸起，菱形脸的腮红要有自然柔和的红润感。

⑧ 口红。口红颜色选择与眼影、腮红搭配的冷色调玫红色，用唇刷刷出唇部边缘线，唇峰不宜过近，唇形可描画圆润，下唇则以圆弧形为佳。腮红、口红妆对比如图3-198所示。

⑨ 发型。用发垫增加发顶的高度，调整模特面部的纵向比例，增加柔美感，碎发全部收起，用发胶或碎发神器定型。完整妆面如图3-199所示。

图3-198　腮红、口红妆对比

图3-199　完整妆面

⑩ 模特整体造型如图3-200、图3-201所示。

图3-200　春、秋季服装整体造型

图3-201　夏季服装整体造型

5. 女模特5：方形脸

（1）五官特点　女模特5为方形脸，端庄、严谨、高雅，面部五官比例比较均衡，不足之处是两眼间距近，下颌骨宽而方。其素颜照如图3-202所示。

（2）妆容塑造

① 粉底。选择适合模特的自然色号粉底液，用粉底刷涂均匀，粉底要轻薄、有光泽，在脸部外轮廓选择深一个色号的粉底涂匀，两个色号的粉底要衔接自然。

② 修容。用深色膏状修容涂在额角、下颌角两侧、鼻侧影的位置，用白色修容提亮鼻梁、眼底下方U形区和额头中部区域，深色与浅色修容与粉底过渡要自然，利用透明散粉定妆，让底妆轻薄、无厚重感。

③ 眉形。模特是方形脸，五官偏硬朗，利用有弧度的眉形修饰出女性的柔美感，眉毛不宜过细，注意虚实，描画出眉毛的质感，如图3-203所示。

④ 眼线。选择黑色眼线液描画眼线，拉长眼尾，增加眼睛的长度，眼线略加宽，调整眼睛的高度。

⑤ 眼影。选择棕色系，用圆头眼影刷蘸取浅色眼

图3-202　女模特5的素颜照

影在上眼睑打底，用中号眼影刷蘸取金棕色眼影从睫毛根部涂抹至双眼皮褶皱处，涂出层次感，用小号眼影刷蘸取深棕色眼影涂在眼尾，增强眼部的立体效果。

⑥ 睫毛。用睫毛夹将睫毛夹出自然、卷翘的弧度，选择浓密纤长的睫毛膏，刷出浓密纤长的睫毛，让眼睛看起来明亮有神，眼部轮廓立体。眼妆对比如图3-204所示。

图3-203　眉妆对比

图3-204　眼妆对比

⑦ 腮红。选用暖色调的桃粉色，涂在笑肌最高点，在颧骨下缘凹陷处偏上涂略深的桃红色，向上至颧骨则选用淡桃红色，起到收缩面颊的效果。

⑧ 口红。口红颜色选择与眼影、腮红搭配的暖色调桃红色，用唇刷刷出边缘线，唇峰不宜过近，唇形可描画圆润，下唇则以圆弧形为佳，可突出方形脸端庄的外在气质。腮红、口红妆对比如图3-205所示。

⑨ 发型。模特为方形脸，用发垫增加发顶的高度，调整面部的纵向比例，增添柔美感，碎发全部收起，用发胶或碎发神器定型。完整妆面如图3-206所示。

图3-205　腮红、口红妆对比

图3-206　完整妆面

⑩ 模特整体造型如图3-207、图3-208所示。

图3-207　春、秋季服装整体造型

图3-208　夏季服装整体造型

6. 女模特6：菱形脸

（1）五官特点　女模特6的脸形为菱形，三庭中中庭偏长，即菱形脸与长形脸的结合，五眼比例均衡、端庄。面部不足之处是两眼间距近，额角偏窄。其素颜照如图3-209所示。

（2）妆容塑造

① 粉底。选择适合模特的自然色号粉底液，用粉底刷涂均匀，注意要轻薄。

② 修容。用深色暗影膏削弱颧骨的高度和下颌角的宽度，再修饰鼻侧影，用白色修容提亮鼻根部、眼底下方U形区和额头中部区域，深色与浅色修容与粉底要过渡自然。

③ 眉形。菱形脸有尖锐感，要利用眉形修饰出女性的柔美感，用深棕色眉笔描画出略长的上扬眉形，眉毛不宜过细，注意眉毛的层次感，如图3-210所示。

④ 眼线。用黑色眼线液描画眼线，采用前宽后窄的眼线画法，利用眼线调整内眼角的高度，拉长眼尾。

⑤ 眼影。模特上眼睑略厚重，选择暖色调的棕色系，用圆头眼影刷蘸取浅色眼影在上眼睑打底，用中号眼影刷蘸取浅棕色眼影从睫毛根部涂抹至双眼皮褶皱上2厘米处，涂出层次感，用小号眼影刷蘸取深棕色眼影涂在眼尾1/3处，眉弓骨提亮，增强眼部的立体效果，整个眼妆重点强调内外眼角。

图3-209　女模特6的素颜照

图3-210　眉妆对比

⑥ 睫毛。用睫毛夹将睫毛夹出自然、卷翘的弧度，选择浓密纤长的睫毛膏，拉长外眼尾。

⑦ 腮红。选用暖色调的橘粉色，横向晕染，由颧骨外侧晕染至笑肌最高点。

⑧ 口红。口红颜色选择与眼影、腮红搭配的暖色调橘红色，用唇刷刷出唇边缘线，唇峰不宜过近过尖，唇形可描画圆润，下唇以圆弧形为佳，可以柔和菱形脸的尖锐感。眼妆、腮红和口红妆对比如图3-211所示。

⑨ 发型。头顶发利用倒梳，梳出适当的蓬松感，利用发垫增加太阳穴两侧的饱满度，增添丰满的感觉，将碎发全部收起，用发胶或碎发神器定型。完整妆面如图3-212所示。

图3-211　眼妆、腮红、口红妆对比

图3-212　完整妆面

⑩ 模特整体造型如图3-213、图3-214所示。

图3-213　春、秋季服装整体造型

图3-214　夏季服装整体造型

7.女模特7：正三角形脸

（1）五官特点　女模特是正三角形脸，上窄下宽，给人以富贵、宽容、有亲和力的印象。面部不足之处是额角偏窄，两腮偏圆润，两眼间距过近。其素颜照如图3-215所示。

（2）妆容塑造

① 粉底。选择适合模特的自然色号粉底液，用粉底刷涂均匀，粉底要轻薄、有光泽，在脸部外轮廓选择深一个色号的粉底涂匀，两个色号的粉底要衔接自然无痕，在额角部位涂浅于自然色号的粉底，增加额头的宽度，调整上窄下宽的比例。

② 修容。用深色膏状修容涂在下颌角两侧、收缩两腮的宽度，用浅棕色刷鼻侧影，收缩鼻翼；用白色修容提亮鼻梁、眼底下方U形区和额头中部区域。利用透明定妆粉定妆，让底妆薄、透、润。

③ 眉形。模特为正三角形脸，眉毛适合略有宽度与弧度型，可加长，以增加上庭的比例，修饰两腮的宽度，调整脸形。

④ 眼线。重点位置在外眼角，选择黑色眼线拉长眼尾，眼尾略加宽。

⑤ 眼影。模特眼睛略厚重，选择棕色系增加眼睛的立体感，采用前后画法，用圆头眼影刷蘸取浅色眼影在上眼睑打底，用中号眼影刷在内眼角用微珠光的白色提亮，用小号眼影刷蘸取深棕色眼影涂在眼尾，卧蚕选用金色，眉弓骨用白色提亮，增强眼部的立体效果。

⑥ 睫毛。用睫毛夹将睫毛夹出自然、卷翘的弧度，选择纤长的睫毛膏重点刷出眼尾长度与密度。眉妆、眼妆对比如图3-216所示。

图3-215　女模特7的素颜照

图3-216　眉、眼妆对比

⑦ 腮红。选用暖色调的橘粉色，涂在笑肌最高点，在颧骨下缘凹陷处偏上涂略深的桃红色，向上至颧骨则选用淡橘粉色，起到收缩面颊的效果。

⑧ 口红。口红颜色选择与眼影、腮红搭配的暖色调橘红色，用唇刷刷出微翘的唇部轮廓，唇部适宜画丰满，以修饰下颌的宽度。腮红、口红妆对比如图3-217所示。

⑨ 发型。模特的正三角形脸可用发垫增加发顶与太阳穴两侧的高度，以调整上庭的宽度，碎发全部收起，用发胶或碎发神器定型。完整妆面如图3-218所示。

图3-217　腮红、口红妆对比

图3-218　完整妆面

⑩ 模特整体造型如图3-219、图3-220所示。

图3-219　春、秋季服装整体造型

图3-220　夏季服装整体造型

二、男乘务人员职业妆设计

男性妆容要求干净、清爽，发型要利落并能够修饰脸形，体现男性的阳刚之美。男乘务人员化妆的重点在于清洁、自然，体现自己的特点。需要修饰脸部皮肤，多数男性的皮肤比较粗糙，并且常常肤色发暗，有色斑和较多细纹。可以选用适宜色号的粉底涂在脸部，这样既可以改善肤色肤质，也可以突出脸部的立体感。在原有的眉毛上进行修饰，可以大大提升男性的风采。对眼部不应做过多的修饰，适当用眼线修饰即可，要自然、协调，体现自身的五官特点与气质。可用阴影加深鼻梁轮廓以彰显男子气概。适当涂唇膏修饰，注意一定要选择和自己的唇色及肤色相配的颜色，薄薄地涂一层唇膏后，用化妆纸按去唇上多余的颜色，使其自然柔和。

1.男模特1:倒三角脸

(1)五官特点 男模特1是倒三角形脸,三庭比例均衡,两眼间距过远,眉毛浓重。面部不足之处是眉形过短,五眼比例不均衡,肤色不均匀,上唇厚,下唇薄。其素颜照如图3-221所示。

(2)妆容塑造

① 粉底。模特皮肤干燥缺水,肤色不均匀,偏暗,选用与肤色相近的粉底色打底,透明散粉定妆。

② 眉形。模特眉形过短,先用修眉刀修去上眼睑上的杂眉,选择与眉色相近的眉粉或用眉笔淡淡地描画眉头,拉近两眼的间距,在眉峰处画出角度,最后画出眉头至眉尾的标准长度。

③ 眼线。选择黑色眼线液描画眼线,模特眼睛小,眼线需加宽加长,调整眼睛的长度与高度。

④ 口红。模特上唇薄、下唇厚,先用唇部遮瑕遮盖唇形,再用唇刷按照上下唇的标准比例1∶1.5将下唇外扩,口红的颜色选择与唇色相近的红色,在上下唇闭合处开始涂刷,边缘慢慢变淡,男性的妆面要自然无痕。

⑤ 发型。倒三角形脸的发型要调整发顶的高度,鬓角要短,发型要简洁、清爽,用发胶或发蜡打理出头发的纹理。完整妆面如图3-222所示。

⑥ 模特整体造型如图3-223所示。

图3-221 男模特1素颜照

图3-222 完整妆面

图3-223 夏季服装整体造型

2.男模特2：方形脸

（1）五官特点　男模特2是方形脸，三庭五眼比例均衡，眉毛浓重，双眼明亮有神。不足之处是肤色不均匀，黑眼圈明显，面部瑕疵较多。其素颜照如图3-224所示。

（2）妆容塑造

① 粉底。模特皮肤白皙，但肤色不均匀，黑眼圈明显，斑点、痘印较多，先用遮瑕膏遮盖黑眼圈，再选用接近肤色的粉底打底，因鼻翼毛孔粗大，在T字部位要涂厚重，注意粉底要与肤色衔接自然，透明散粉定妆。

② 眉形。模特眉形完整，唯一不足之处是眉毛不匀整，先用修眉刀修除上眼睑上的杂眉，修出眉毛底边缘线，再在眉峰处修出转折点，选择与眉色相近的眉粉或用眉笔按照眉形填补空白即可，眉色不宜过重，要上虚下实有层次感。

③ 眼线。模特左右眼睛对称，睫毛浓密，可省略眼线。

④ 口红。颜色选择自然的豆沙色，用唇刷在上、下唇闭合处淡淡涂刷即可。

⑤ 发型。方形脸的发型要注意发顶宜蓬松，模特修剪的发型非常适合方形脸，简洁、利落。完整妆面如图3-225所示。

⑥ 模特整体造型如图3-226所示。

图3-224　男模特2素颜照

图3-225　完整妆面

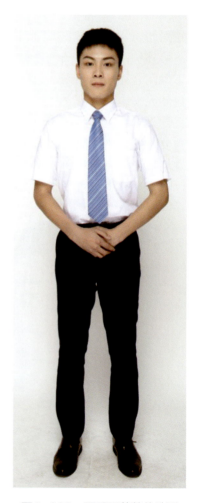

图3-226　夏季服装整体造型

3. 男模特3：长方形脸

（1）五官特点。男模特3是长方形脸，三庭五眼比例均衡，眉毛浓重，双眼明亮有神。不足之处是肤色不均匀，黑眼圈明显，面部T区毛孔明显，眉毛杂乱。其素颜照如图3-227所示。

（2）妆容塑造

① 粉底。男性粉底要轻薄，选择与皮肤相近的粉底色打底，透明散粉定妆。

② 眉形。男性眉形要有英气，自然真实，模特的两眉头相连，先用修眉刀修除两眉头相连接的眉毛与上眼睑上的杂眉，修出眉毛底边缘线，再在眉峰处修出转折点，选择与眉色相近的眉粉或用眉笔画出眉毛的内轮廓，注意眉毛要有层次感。

③ 眼线。模特眼睛短，要选择黑色眼线液重点拉长眼尾，调整眼睛的长度；内双眼睑，眼线不宜画得过宽。

④ 口红。口红的颜色选择自然的豆沙色，用唇刷在上、下唇闭合处淡淡涂刷，口红与唇色衔接要自然。

⑤ 发型：长方形脸的发型发顶不宜过高，鬓角不宜过长，发型要简洁、利落，用发胶或发蜡打理出头发的纹理。完整妆面如图3-228所示。

⑥ 模特整体造型如图3-229所示。

图3-227　男模特3素颜照

图3-228　完整妆面

图3-229　夏季服装整体造型

本章小结

本章重点介绍了皮肤的结构特点、化妆品和彩妆品的使用方法、化妆工具的选择与使用、五官的美化技法、盘发的技巧以及脸形矫正的方法,通过学生化妆案例详细明了地讲解了空乘职业妆面的特点和塑造技法,从专业角度进行全方位的设计和引导,帮助树立良好的职业形象,提升品位,增加自信,使得学习者能够通过分析自我形象的特点,打造出符合空乘职业要求、适应职业特点和契合大众审美眼光的良好的空乘人员职业形象。

思考与练习

1. 如何选择化妆品和彩妆品?
2. 怎么选择和使用化妆工具?
3. 不同的脸形如何化妆矫正?
4. 仔细观察自己的面部找到适合自己的五官美化技法。
5. 如何清洁和保养皮肤?
6. 怎样塑造空乘职业形象?

第四章
空乘人员美容与保健常识

导读

空乘人员的工作环境比较特殊,作息时间常不规律,这对身体健康会有所影响。因此,对于空乘人员来说,要充分通过饮食、健身和休息来调整身体状况,以保持健康的体魄、靓丽的外表,从而在工作中体现空乘人员的专业面貌和职业精神。

第一节 饮食与美容

一、饮食与美容的关系

饮食中的营养成分不仅与身体健康密切相关,而且与身体美容有着一定的联系。体形的肥胖与消瘦,皮肤的粗糙与细腻,毛发的亮丽与干枯等一系列美容问题均与饮食是否科学合理密切相关。民航乘务工作十分辛苦,空乘人员需要了解饮食与美容的关系,通过平衡饮食使自己皮肤红润、容光焕发、充满活力,达到美体与美容的目的。

(一)饮食对美容的影响

日常生活中的许多食物除供给人体所需的营养素以外,还具有养颜、护肤、美容的作用。合理的饮食,可以充分发挥人体遗传方面的优点,从而降低自然的衰老进程,达到美容驻颜的效果。为了达到美容的效果，饮食应该做到以下几点。

1. 饮水对美容的帮助

人体需要大量的水分，当人体水分减少时，皮肤会出现干燥，皮脂腺分泌减少的情况，从而使皮肤失去弹性，甚至出现皱纹。因此建议每天至少应喝3升水（6杯左右）；饮水最好以白开水为主，也可以以牛奶、菜汁适量代水；少喝冰水，因冰水会导致消化不良；临睡前不宜多喝水，晚上水喝多了会引起眼皮水肿而影响容貌；喝水应喝一次性烧开的，反复烧煮的开水容易致癌。

2. 合理补充营养素，对美容有帮助

不少食品中的营养素本身就具有很好的美容作用。例如，增加富含胶原蛋白食物的摄入量可以使细胞变得丰满，从而使肌肤光滑而富有弹性，应多食用猪蹄、动物筋腱和猪皮等富含胶原蛋白的食物。补充优质蛋白质可以促进人体细胞的生成、增进皮肤的生理功能，应多食用猪瘦肉、兔肉、鸡蛋、鸭蛋、羊奶、牛奶、海参、乌骨鸡、银鱼、黑豆等含优质蛋白的食物。不饱和脂肪酸、亚麻酸有极好的滋润皮肤的作用，建议多食用葵花籽油、大豆油、玉米油、核桃仁、松子仁等食物。适当补充糖类能帮助蛋白质在体内合成，维持正常脂肪代谢，保护肝脏，间接起到润肤美容的作用。

3. 合理搭配微量元素

微量元素参与生命物质的代谢过程，并且是护肤美容所不能缺少的重要物质。人体缺铁，则颜面苍白、皮肤无华，应该多吃乌鱼、海虾、海带、猪肝、牛肝、牛肾、淡菜、海参、黑豆、黄豆、菠菜、黑木耳等含铁较多的食品；人体缺锌，会皮肤粗糙、颜面苍白、头发干枯，应该多吃海参、海鱼、海带等海产品及鸡蛋、羊肉、核桃仁、松子仁、葵花籽、葱等含锌较多的食物；人体缺铜，可引起皮肤干燥、粗糙，毛发干枯，应该多吃含铜的食物，如动物肝脏、牡蛎、瘦肉、豆类、芝麻、大白菜、花生、核桃仁等食物；人体缺碘，皮肤多皱纹并失去光泽，应该多吃含碘量丰富的食物，如海带、紫菜、海参、海蜇、海虾等海产品及胡萝卜、西红柿、蘑菇等蔬菜水果。

4. 常吃富含维生素的食物

维生素对于抵抗皮肤衰老，保持皮肤细腻滋润起着重要作用。维生素E对于皮肤抗衰有重要作用，含维生素E多的食物有谷类、小麦胚芽油、棉籽油、绿叶蔬菜、蛋黄、坚果类、肉类、乳制品、豆油、花生油和香蕉等。维生素A可以使人的皮肤柔润有弹性、眼睛明亮，富含维生素A的食物有动物肝脏、鱼肝油、牛奶、蛋黄、胡萝卜、西红柿、橘子、麦胚、植物油等。缺少维生素B_1的人皮肤也易干燥并产生皱纹，应该多食用富含维生素B_1的食物，如粗粮、花生、黄豆、瘦猪肉、蛋黄、动物肝脏等。缺乏维生素B_2的人会出现口角炎和脂溢性皮炎、粉刺及色斑等，应该多食用富含维生素B_2的食物，如动物肝脏、牛奶、绿叶菜、蘑菇等。维生素B_5与氨基酸代谢关系甚密，应该多食用富含B_5的食物，如酵母、米糠等。维生素C能清除毒素，促进胶原蛋白合成，具有较强的抗氧化作用，可保持皮肤洁白细嫩、防止衰老，新鲜水果和蔬菜中含有丰富的维生素C。

5.酸碱食物平衡

食物有"酸性"与"碱性"之分。日常生活中所吃的鱼、肉、禽、蛋、粮谷等均为生理酸性，葡萄、橘子、菠菜、胡萝卜、西红柿、青瓜、香蕉、梨、牛奶、芹菜、蘑菇、马铃薯等均为生理碱性。如果过量食用酸性食物会使体液和血液中乳酸、尿酸含量增高，当有机酸不能及时排出体外时，就会侵蚀敏感的表皮细胞，使皮肤粗糙失去弹性。经常食用碱性食物，皮肤不易受到细菌或药物的侵蚀，但如果过量食用，也会引起营养不良，导致皮肤枯黄。

（二）饮食对身材的影响

饮食对保持匀称的身材起着重要的作用，为了保持身材，饮食方面应该注意以下几点。

1.科学安排三餐

首先，不要长时间节食，因为长时间节食虽可以暂时减轻体重，但同时也会导致营养不良、体质下降、免疫功能降低，发生多种疾病。其次，要坚持吃早餐。长期不吃早饭容易引起急性胃炎、胃扩张等，中餐在饥不择食的情况下，吃得又快又多，反而会热量过剩使身体发胖。再次，谷类、水果、蔬菜要充分均匀地分配于三餐中。最后，坚持"早餐吃得好，中餐吃得饱，晚餐吃得少"的饮食习惯，特别是睡前三小时以内不要吃任何东西，因为吃夜宵会产生超额能量，剩余的能量会转化为脂肪蓄积起来，就容易发胖。

2.合理饮水

饮水过少不宜调节脂类代谢，因此平时要大量饮水。汤是一种良好的食欲抑制剂，在平时就餐时多喝些汤，可以减少主食的摄入量，从而达到保持身材的目的。

3.注重饮食搭配

粗粮杂粮中含有更丰富的B族维生素、膳食纤维和矿物质，有利于生理功能的调节和新陈代谢。例如，燕麦、玉米、荞麦都具有降脂降压、清热通便、防治代谢性疾病的作用，因此，经常食用粗杂粮，对保持良好的身材有益。

4.多吃蔬菜水果

蔬菜含有大量矿物质和维生素，体积大且热量低，有明显的降脂、助消化等作用，果蔬中还含有丰富的膳食纤维，多吃含膳食纤维的食物，能减少人体对有毒物质的吸收，清除人体内的垃圾，防止发胖。

5.多食用可减肥的食物

西兰花含有丰富的高纤维成分，配合番茄、洋葱、青椒等食材可煲成瘦身汤。又如，茄子在一顿正餐中可以发挥阻止吸收脂肪的作用；扁豆若配合绿叶菜食用，可以加快身体的新陈代谢，有利于减肥。除此之外，还可以食用如黄瓜、生菜、白菜、萝卜、冬瓜、韭菜、洋葱、菠菜、豆芽、香菇、茼蒿、黑木耳、海带、山楂、酸奶、豆腐、海蜇、燕麦、玉米、醋等有利于减肥降脂的食物。

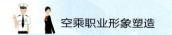

6.少吃甜、凉、油腻的食物

日常生活中忌食糖果、巧克力、甜饮料、甜点、冰激凌、酒等，尽量少吃蜂蜜、肥肉、黄油、内脏、鱼子等，少吃或不吃高热量的食物，是保持苗条身材的秘诀。

7.减慢进食速度

就餐时减慢进食速度，也是保持身材的一个小窍门。日本研究者经过观察指出，食物进入人体后，血糖会升高，当血糖升高到一定水平，大脑食欲中枢才能发出停止进食信号。如果吃得过快，大脑食欲中枢发出停止进食信号时，人往往已经吃了过多的食物，所以快食会引起肥胖。在吃饭时要细嚼慢咽，减慢进食速度，这样可有效地控制食量，起到减肥的效果。

二、饮食对空乘人员美容的影响

由于飞机客舱环境比较干燥，加上飞行时间不固定，经常有倒时差的现象，以及飞行区域的变换带来磁场的影响，空乘人员的皮肤很容易产生皱纹，所以对于空乘人员来说，除了通过锻炼，保证休息睡眠时间以外，还应该通过合理的饮食来减少皱纹的产生。

① 含骨素丰富的食物可以延缓皮肤皱纹的产生，使皮肤保持弹性和细腻，应该多吃富含骨素的食物，例如猪骨汤、牛骨汤、鸡骨汤。

② 谷氨酸类食物既能延缓衰老，又能防止皮肤皱纹产生，应该多吃鱼、虾、牡蛎、蘑菇、银耳、蜂蜜等富含核酸类的食物。

③ 碱性食物可使血液呈现碱性，减少乳酸对皮肤的侵蚀、损害，平日应多摄取一些新鲜的水果、蔬菜和牛奶等碱性食物平衡血液的酸碱度。胶原蛋白具有增加皮肤储水能力，保持皮肤组织细胞内外水分平衡的作用，应该多吃猪皮、猪蹄、甲鱼等富含胶原蛋白的食物。

第二节
季节、环境与美容

一、季节对美容养护的影响

（一）季节与护肤的联系

1.春季要注意美容护肤

春季是春暖花开的季节，鲜花中的花粉容易致使一些皮肤敏感的人产生过敏反应。

春季多风,皮肤会出现缺水、水油不平衡的现象。人的皮肤在春季新陈代谢活跃,对皮肤起滋润作用的皮脂分泌逐渐变得旺盛。春季风大,尘埃尤其活跃,容易阻塞皮肤毛孔,影响皮肤的新陈代谢,产生皮肤病症。春季冷暖悬殊,冷暖空气交流,皮肤容易失去平衡而出现痘痘、红肿、发痒甚至脱皮等现象。春季也是细菌和病毒容易大量繁殖和传播的季节,容易诱发皮肤病患。

2. 炎热夏季对皮肤的影响

夏季日光中紫外线照射、气候干燥、潮湿变化迅速等因素可伤害皮肤,令角质层增厚、肤色变深、皮肤松弛、毛孔张大、表面粗糙等。因为夏季气候炎热,皮肤的毛细血管呈扩张状态,新陈代谢加强,汗液分泌较多,是面部皮肤保养的重要时期,加之夏季日光强烈,肌肤过度暴晒于紫外线中,致使皮肤变得较黑,出现色素斑、雀斑和黄褐斑,甚至出现红、肿、热、痛的过敏现象。夏季汗液大量分泌,使皮脂腺酸度降低,皮肤抗病能力下降,细菌易侵入,导致各种皮肤表面的感染。夏季气温升高,皮肤分泌汗液功能增强,将大量水分排出并蒸发,所以皮肤尤其容易"缺水"。夏天出汗多,脸部毛孔张开化,过浓的妆会使毛孔堵塞,使皮肤变粗糙。

3. 秋季美容护肤要点

秋天温差大,忽冷忽热的天气使皮肤抵抗力下降,易遭细菌感染。秋季空气逐渐变干燥,皮肤的汗腺和皮脂腺的功能较夏天有所减弱,肌肤的锁水能力大大下降,因此皮肤容易变干,出现紧绷的感觉,甚至有脱皮的现象。但秋季对于皮肤来说又是最好的季节,可以趁机选择适合自身肤质的保养品来弥补夏日紫外线给皮肤造成的损伤。

4. 冬季对皮肤的影响

冬季对皮肤的伤害在四个季节中最为严重。冬季天气寒冷干燥、气温急剧下降,皮肤血液循环减缓。冬季气温低、湿度小,皮肤会因汗腺、皮肤腺分泌减少和失去较多水分而变紧发干。

(二)皮肤在不同季节的保养措施

1. 春季皮肤保养法

(1)**皮肤清洁,进行深层护理** 春季,洁肤应选择性质温和的洁肤产品,如清洁蜜、蛋白洗面奶和柔性珍珠磨砂膏等。洗脸时,先用手掌揉搓洗面乳,使其充分起泡后,再轻拍脸部,然后以清水洗净,最后再取少许冷水轻拍脸部,收缩毛孔,保持肌肤的弹性,并进行爽肤和润肤。定期到美容院做深层清洁皮肤护理也是十分有必要的。在家里也可进行皮肤深层清洁工作:将滚开的水倒在盆内,靠近蒸汽上升处熏蒸接着再用毛巾将脸包起覆盖约10~15分钟,即可清除污垢、通畅毛孔。这种方法可以清洁肌肤,放松肌肉,有效刺激并改善淋巴和血液的循环。

(2)**补充水分,促进新陈代谢** 建议在清晨起床后、洗澡前后喝一小杯水,可以促进新陈代谢,补充水分。春季应选用低油质含量且具有保湿作用的保湿类、果酸类产品或含有胶原质的产品,而应避免油性成分很大的面霜。

（3）调整饮食，润滑肌肤 春季可食用菊花粥、大枣粥、燕窝冰糖粥、银耳鸽蛋汤等美容食品润滑皮肤。冬季饮食多高热量，因此需要利用春季净化肠胃。在饮食的调理方面春季应避免过量食用高脂肪类、淀粉类、糖类食物以及辣椒等刺激性调味品，多摄取富含维生素B、维生素C、维生素E类的食物。

（4）疏通毛孔，去除死皮 要注意打扫居住房间的卫生，还要注意经常用吸尘器吸附地毯、沙发或衣物上的尘埃；准备外出时，应擦上护肤霜阻止尘埃进入皮肤毛孔；外出回来时，应及时清洁皮肤保证皮肤正常呼吸；如果脸上的毛孔被堵塞了，可以使用含果酸的产品清除堵在毛孔中的死皮，以达到疏通毛孔的目的。

（5）保证睡眠，防止过敏 应根据自己的实际情况观察皮肤对哪些过敏源有反应，首先要离开过敏源，避免暴露的面部皮肤沾到花粉物质，避免过度日晒。其次，要保证睡眠，让生活规律起来。再次，尽量不化浓妆，免得造成皮肤负担过重。最后，尽量选用为敏感皮肤准备的护肤品，减少皮肤受到刺激的可能性，含芦荟的产品对敏感肌肤也大有益处。

2. 夏季皮肤保养法

（1）注意防晒，保养肌肤 夏季应尽量避免烈日下的户外活动，外出可戴上遮阳帽，在给裸露的部位涂防晒品时，要注意防晒系数（SPF），干性皮肤适合用防晒油和防晒蜜，油性皮肤适合用防晒水和霜。日晒出汗后要彻底洗净身上的盐分，再用浸过凉水的棉花轻拍并冷敷来缓解日晒后的肌肤，还可以使用含有芦荟、薄荷等植物成分的保养品消除日晒后皮肤产生的红肿、发烫等不适感觉，不要在午前及午后3个小时之内进行日光浴。可以扑些滑石粉消除因日光过度照射而出现的红斑等症状。

（2）保湿补水，防止水分蒸发 可以携带喷雾式的矿泉水，在离脸部15厘米处均匀喷洒于面部。早晚还应该用些保湿乳，它能在皮肤上建立一层与皮脂膜相近的润湿层，防止皮肤水分蒸发。

（3）清洁皮肤 因为夏季天气炎热，人体出汗较多，即使一天洗两次脸，皮肤深层也得不到彻底清洁，油脂堵塞在毛孔内，极易引起毛囊炎，建议每周做一次深层皮肤清洁护理。

（4）夏季护肤，要化淡妆 首先，最好选用水质粉底，若像平时那样使用粉底霜和粉，毛孔就会被阻塞，皮肤出现炎症。其次，通过五官的局部化妆来表现美。先擦一层润肤乳液营养霜，擦涂水质粉底，重点化眼睛、眉毛、嘴唇三个部位。最后，要做好控油工作。卸妆时，用吸油纸吸去脸部T区的油脂，用卸妆水彻底卸妆后，再敷一个去油面膜。

（5）皮肤干燥，注意饮食 夏季宜多吃些新鲜蔬菜和水果，荤素搭配适宜，注意适当吃些粗粮，而干咸、辛辣等刺激食品要少吃。喝冷饮要适量，因为冷饮有碍于皮肤对营养的摄取，并会引起皮肤干燥、松弛。另外，喝啤酒也要适量，啤酒中所含的乙醇成分虽然不多，但也足以提高皮脂和汗液的分泌，故应适可而止。

3. 秋季皮肤保养法

（1）秋季风大，加强护理 首先，每天晚上要彻底做面部清洁，先用温水和洗面奶彻底清洁面部，再用不含酒精的化妆水进一步洁肤及补充水分，在面部均匀地涂抹渗透性强的晚霜,并适当地热敷让营养渗透到皮肤深层中去。要选择合适的护肤品,在秋季要选用不含酒精成分的化妆水,滋润而油腻的日霜及晚霜。其次,还要注意日常的皮肤护理。坚持每天做两次面部清洁,还要使用护肤霜补充适当的油分和水分,让皮肤洁净、滋润。最后,坚持每周做一次全套的皮肤护理,包括洁面、蒸气美容、面部按摩及用软性面膜敷面,可以使皮肤光洁柔软、健康地度过干燥的秋天。

(2)代谢较低,加强保湿 秋季保湿要洗完澡趁身体湿润时全身涂润肤霜,既防止产生静电,又可保持身体肌肤整天滋润。然后敷在脸上一层保湿产品,最好选用保湿精华素,因为保湿精华素的分子体积比乳液要小,能够渗透到角质层下,滋润干燥的细胞。敷保湿面膜,全面滋润面部。最后是多喝凉开水让肌肤滋润。

(3)防止过度日晒 由于秋天皮肤的新陈代谢能力较低,故不易恢复原来的肤色。初秋由于空气澄澈,因此紫外线的穿透力也较高,应防止过度日晒。

(4)多食美容食物 秋季应多吃些芝麻、核桃、蜂蜜、银耳、龙眼肉、大枣、梨等防燥滋阴的适合秋季的食物;多饮滋补清润的汤水,如银耳炖冰糖水、蜜枣煲猪骨汤、罗汉果煲瘦肉汤等,既可以防止喉干舌燥,又有润肤作用。

4.冬季皮肤保养法

(1)冬季加强保湿 定期做保湿面膜。为了避免皮肤失去过多水分,可以在房间里放盆水、小植物、空气加湿器等,维持屋里小环境的湿度,有利于皮肤保湿。冬季外出前,要在皮肤清洁状态下涂一层营养霜,在外露的皮肤上涂些油性润肤膏,尤其在嘴唇部位使用护唇膏,洗脸后涂于面部,20分钟后洗净,也可以定时在面部喷洒一些调节水,以保持面部湿润。

(2)温水洗脸,合理清洁 洗脸要用温水,因为过热或太冰凉的水都会破坏皮肤组织。注意不要经常使用磨砂膏,冬季清洁产品要尽量选择pH值在4.5~6.5的清洁产品为佳。皮肤干燥的人多感到浑身瘙痒,将一杯醋倒入温水中,浸泡身体10分钟,会减少不适感。浴后应进行全身皮肤滋养,如涂抹杏仁油、羊油脂、凡士林等。冬季洗热水浴则会加强皮肤的新陈代谢,促进血液流通,帮助身体内外平衡,保持健康的肤色,应坚持3~4天一次热水浴。

(3)多食美容食物 冬季宜多吃些富含维生素A的食物,如猪肝、禽蛋、鱼肝油等。冬季还可以吃核桃仁、花生、鱼子、胡萝卜等有助美容的食物。冬季饮食宜清淡,要避免饮用咖啡、烈酒、浓茶及食用油炸食品等刺激性食物。当人体缺乏维生素A时,皮肤会变得干燥甚至会出现鳞屑、丘疹,因而当人体缺乏亚油酸时皮肤会变得干燥,鳞屑增厚,因此冬季要常吃芝麻、黄豆、花生等食物。

(4)坚持按摩锻炼 如果每日早晚洗脸后坚持2分钟自我按摩,皮肤的弹性和光泽一定会得到改善。冬季皮肤暗淡无光,失去弹性,其最大原因是毛细血管收缩引起血液循环不畅,而按摩是解决血液循环顺畅的最好办法。按摩时,用中指和无名指顺着肌肤生长方向在脸部打圈,注意两颊的肌肉向外向上生长,鼻肌向下生长,额头的肌肤则向发际呈放射状生长。

(5)修护干瘴皮肤 冬季皮肤容易干瘴,修复皮肤应注意以下几点:日服鱼肝油丸，局部用药，例如鱼肝油软膏，尿素软膏、维生素E软膏等，洗澡的水温不要过高，浸泡的时间也不宜过长，忌用手用力搔抓皮肤；不要用碱性强的肥皂，洗后最好擦些润肤霜。

二、环境与美容

飞机的客舱服务是民航运输服务的重要组成部分，它直接反映了航空公司的服务质量。在激烈的航空市场竞争中，直接为旅客服务的空乘人员的形象和工作态度，对航空公司占领市场赢得更多客源起着至关重要的作用。空乘人员以美丽、端庄、大方的外表给人们留下了固定的形象特征。

1.防止乘务人员起青春痘

平时注意清洁保养肌肤，要维持肌肤正常的pH值，调理水油平衡，保持毛孔畅通；养成良好的生活习惯和有规律的作息时间，保证充足的睡眠；航空服务工作期间，注意营养均衡，多食用蔬菜和水果；避免可能会造成或加剧青春痘的服用药物，外出时彻底做好防晒工作，以免紫外线二度伤害造成青春痘恶化；不要留刘海儿，头发的摩擦会加剧前额的青春痘。

2.如何解决乘务人员在客舱服务过程中嘴唇干裂问题

经常涂无色护唇膏、护唇油；应多补充维生素，多吃水果、蔬菜等，避免偏食；要多饮水；保持嘴唇的干净；改掉舔唇或用唾液润唇的习惯，因为这样做会将唇部本身的水分蒸发掉而使嘴唇干裂；经常按摩嘴唇。可以在嘴唇上涂润肤霜，然后用指腹轻轻按摩，以帮助促进血液循环，使其获得养分，促进养分吸收，使润肤品迅速达到嘴唇皮下。按摩几下后再用面纸抹去，然后涂层无色润唇膏。

第三节
保健与健身

随着年龄增长，身体会不断硬化，关节的活动幅度变小，肌肉量减少，肌腱和韧带等也发生硬化。柔软、轻盈的身体水分充足，看上去充满青春活力，显得非常美丽，而僵硬的身体缺乏水分，比较干燥，只要稍一运动，关节就像要折断一样，明显显得衰老。

在舞蹈演员中，不管是男是女，都有很多人即使到了四五十岁还仍然活跃在舞台第一线。如果观赏他们的舞姿，你会发现是如此轻柔，充满年轻活力！这并不是说面容秀丽、手足修长等与生俱来的外貌，而是能让大家感受到的美丽的本质。轻快、柔美的举止更能使人显得年轻、美丽。不仅仅局限于职业舞蹈演员，仔细观察自己周围的人，也会发现看起来比实际年龄年轻的人基本上身体的柔软性都比较好。

一、如何判断"身体硬化度"

石原式"身体硬化度"简易测试

1. 肌肉力量测试

☐ 两腿并拢站立，前屈时手指尖无法接触地面。
☐ 因上台阶而出现趔趄，险些跌倒。
☐ 在闭目情况下，无法单足站立50秒以上。
☐ 行走速度较慢，或者步幅窄小。
☐ 常被别人指出姿势不佳。
☐ 无法跪坐30分钟以上。
☐ 坐在椅子上时，立即靠在靠背上。
☐ 采用立正姿势站立时感觉很累。
☐ 站立状态下，无法将两脚打开120度以上。
☐ 得过肩周炎。
☐ 有腰痛病或者扭过腰口自己感觉缺乏运动。
☐ 最近明显感觉体力下降。
☐ 最近变得容易劳累。

2. 体质检查

☐ 平时体温低于36.2℃，偏肥胖。
☐ 下肢容易水肿。
☐ 经常拉肚子。
☐ 血压高。
☐ 属于过敏体质。
☐ 下半身总是发冷。

3. 生活习惯检查

☐ 不泡澡，仅淋浴。
☐ 每天饮水2升以上。
☐ 饮食过于清淡，食盐摄入量不足。
☐ 喜欢吃生蔬菜和冷的食品。

结论：

打钩数量为0～5个：您属于身体很柔软的人。不仅日常经常锻炼肌肉，而且还注意平衡饮食，生活中不积累精神压力，请保持目前的状态。随着年龄增长，肌肉力量会逐渐降低，身体出现硬化，请每天坚持散步或做柔软运动。

打钩数量为6～10个：您属于身体柔软程度一般的人，没有什么大的问题。不过如果不注意的话，肌肉力量会立即降低，身体会变得僵硬。在肌肉测试中打钩较多的人，请不要使用电梯，应走楼梯，晚上睡觉前做柔软体操或下蹲运动，有意识地防止肌肉衰老。

打钩数量为11～15个：您的身体处于硬化状态。不仅感到体力衰退，而且会感到身体状态不佳。需要通过运动锻炼肌肉，应回顾"体质检查""生活习惯检查"中打钩的项目，温暖身体，注意不要过食。

打钩数量为16个以上：您的身体硬化程度超过了您的年龄。如果继续维持这种状态的话，可能会导致血管或内脏也出现问题。每天应泡热水澡10分钟以上，在温暖身体后放松肌肉、进行锻炼。如果寒症较严重，则应通过饮食习惯、入浴、衣着保暖等方面彻底温暖身体。不要摄入过多水分，适量摄入盐分。

二、造成身体硬化的十大因素

找到造成身体出现硬化的原因，才能够有效消除硬化，恢复柔软的身体。

1.运动不足

造成身体硬化的首要原因是运动不足。过去的人在日常生活中的运动量比现在要大得多。双脚是最主要的交通工具，人们经常步行，而现代人每天平均步行步数，20～30岁的男性约为8500步，女性约为7000步。经常说为了健康需要"日行万步"，以上数据说明，只要不是有意识地花一定时间去散步，在日常生活中是完全无法满足这一要求的。

在20世纪50年代中期之前，是没有洗衣机和吸尘器的，家务也属于重体力劳动。随着家电制品的普及，生活变得越来越方便，家务越来越轻松，在日常生活中活动身体的机会也越来越少了。随着计算机的普及，在公司里长期坐在椅子上工作的人越来越多。不管是在家里还是在单位，很多时候不需要活动身体就能搞定一切了。但是，不活动身体当然会导致肌肉衰减、硬化。由于肌肉量减少会造成血液循环恶化、身体发热量减少，体温自然会下降。当体温下降后，血液中多余的胆固醇、脂肪、糖分、尿酸等就无法燃烧，血液会受到污染。当血液被污染后，血液循环进一步恶化，形成持续恶性循环，容易产生高血脂和高血糖，而且还易患动脉硬化、心肌梗死、脑梗死等硬化疾病。

2.寒症

温度较高的脏器不易患癌。长时间处于寒冷环境中，肌肉会变硬、发僵。随着年岁增长，血管和内脏出现硬化后，人更易患癌症、心肌梗死、脑梗死、肾硬化症、肝硬化等疾病。对所有这些疾病来说，寒症都是一个重要诱因。据说体温下降1℃的话，代谢功能会下降12%，免疫力下降30%。由于体内所有维持生命和健康的化学反应均需借助体内热量来实现，所以当出现寒症、体温下降时，就会导致各种症状和疾病发生。导致身体寒症的原因包括运动不足、饮食过量、寒性饮食习惯、空调、淋浴、精神压力、化学药剂等多种原因。

3.过量饮食

血液集中于肠胃会导致肌肉运动减少，过量饮食也会造成身体寒症、硬化。人在饱食后，全身的血液会集中至肠胃以帮助消化、吸收，造成肌肉供血不足，产生的热量减少，体温下降，而且血液中的过剩胆固醇、脂肪、糖分、尿酸等也会不断增加。当这些物质无法完全燃烧时，血液就会受到污染，而这会阻碍血液循环，造成进一步的寒症，诱使身体出现硬化。高血脂、高血糖、高血压、高体重（肥胖）等症状全都带有一个"高"字，这些都是因过量饮食造成的。

4.警惕会让身体出现硬化的阴性食品

比较有代表性的是常吃会使身体寒冷的食物。中医自两千年前就将食物分为可温暖身体的"阳性食物"和可使身体寒冷的"阴性食物"，并应用于疾病的预防和治疗中。基本上来说"红、黑、橙"色的食物可加热身体，"白、蓝、绿"色的食物会使身体寒冷。不仅是水、茶、咖啡、果汁、牛奶等饮料，香蕉、菠萝、咖喱等亚热带食品，白砂糖和化学调味品等白色食品，面包、黄油、蛋黄等食品，生冷蔬菜等都会使身体寒冷、硬化，所以应注意不要过量食用。

5.身体干燥

身体硬化的另一个重要原因是干燥。其实，并不是说只要饮水，水分就能遍布全身，防止干燥。身体硬化这一现象是由于骨骼、肌肉、血管、内脏等失去水分，处于干燥状态造成的。把鱼晒干就成了鱼干，把花干燥就成了干花。这些都是因失去水分而导致硬化的结果。我们的身体严重脱水后也会成为鱼干或干花那样的状态，这是非常危险的。

但是，预防"干燥＝硬化"现象的方法，并不是大量摄入水分这么简单就可以的。经口摄入的水分通过胃、肠被吸收，进入血液，最终被全身的细胞所吸收。但水也会降低身体温度。胃肠受冷后，功能会降低，血液细胞吸收水分功能变差，无法被吸收的水分会积存在胃和肠道内，这意味着脏器、组织、细胞等全都处于低温状态。这样一来，不仅肠胃吸收变差，而且即便运送给全身的细胞，水分也无法被吸收至细胞内，会积存在皮下的细胞和细胞之间。为了使血液内的水分被充分吸收至细胞内，首先必须不断排出体内积存的过量水分。通常，体内的大部分水分都是经肾脏以尿液的形式排出。因此，强化"肾"功能，是防止细胞干燥的重要条件。

6.精神压力

当紧张战胜放松时，体内功能就会下降，精神压力是造成身体硬化的另一个重要原因。

每个人在紧张时身体都会变得僵硬。当人感到精神压力时，交感神经就会紧张，肾上腺髓质产生的激素，如肾上腺素、去甲肾上腺素等的分泌就会增多。这些激素会使血管收缩，血液循环恶化，造成体温下降，因此会导致肌肉等变僵硬。

7.不良姿势

姿势是伴随日常的立、坐、伏案等动作而产生的身体姿态习惯。如果有不好的姿态习惯，经过较长时间就会逐渐导致骨骼弯曲，支持骨骼运动的肌肉也会硬化，处于不平衡状态，身体就会变得硬邦邦的。此外，肌肉衰老也可能会造成骨骼弯曲、姿势不佳。不管是哪种情况，都会造成血液循环恶化，身体整体寒症，进而导致身体变得越来越僵硬。

8. 老化

从婴儿到幼儿、成人、老年人，随着年龄的增长，身体会最终出现硬化，说起来也是顺理成章的事情。当身体老化后，细胞的老化和氧化会进一步加剧，血液循环变差，体温下降，内脏也逐渐衰退，免疫功能也会产生异常。皮肤色斑和松弛、白发和脱发、老花眼和白内障等眼睛的衰退、精力减退、肺活量减小、心脏功能下降、痴呆症等老化现象会逐步发展。但是，不管到了什么年纪，肌肉只要锻炼就能够有所增加。通过增加柔软的肌肉来延迟老化，保持身体柔软，是完全可能的。

9. 遗传

有些人生来身体就比较僵硬，另一些人则比较柔软，不合理的生活习惯对不良遗传基因的作用也有很大影响。健康的肌肉富有弹性、可伸展。伸展运动可有效地消除僵硬，使肌肉恢复柔软。当肌肉僵硬消除后，关节也会变得灵活许多，而且血液循环会得到改善，氧气的运输和老化废物排泄会更顺畅，代谢功能也会增强。进行伸展运动的要点是控制呼吸。当伸展肌肉时，要缓慢吐气。不要过于勉强，避免造成反作用，只有在感觉"心情舒畅"的限度内进行运动，才能期待获得良好的效果。

三、锻炼肌肉是消除身体僵硬的捷径

肌肉是身体产生热量的最重要器官。当肌肉量减少，发生衰老时，会造成产热量减少，体温和代谢功能也会下降，身体硬化程度进一步加剧。为了阻断这种恶性循环，进行肌肉锻炼是一条捷径，特别是应尽量锻炼下半身肌肉，效果会更明显。

下面介绍可自行轻松独立完成的"肌肉力量训练法"。

1. 下蹲运动

下蹲运动是最能够高效锻炼下半身肌肉的简单运动（图4-1）。由于可促进肠道的运动，所以对便秘也有效果。秘诀是在下蹲时尽量挺胸，臀部尽量向后。有腰痛或膝痛的人最初不必勉强，以不感觉疼痛为限，较浅下蹲即可。随着肌肉力量的增强，会逐渐下蹲得更深。

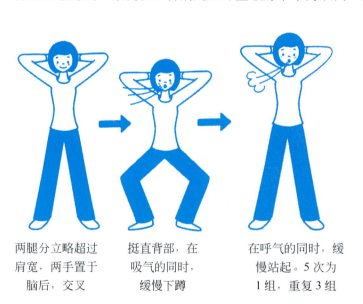

图4-1　下蹲运动

2. 踮脚运动

在客舱工作之余，可进行提升、放下脚跟的踮脚运动，这样可以使大腿、小腿肚及臀部的肌肉得到锻炼。身体状态不太好的人，可以单手扶墙或扶着椅背进行练习。

除踮脚（图4-2）之外，如果再进行跷脚尖运动，会有更好的效果。因为它可有效锻炼平常不怎么使用的膝盖下方小腿正面的肌肉。

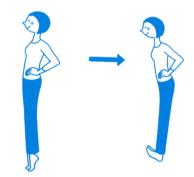

站立，两腿稍打开，挺直背部，双手扶腰。原地踮脚、放下。

采用相同姿势，跷起脚尖后放下。每隔30秒交替进行踮脚、跷脚尖

图4-2 踮脚运动

3. 等长收缩运动

等长收缩运动（图4-3、图4-4）是指保持同一姿势，在希望得到锻炼的肌肉上用力，保持静止7秒钟左右的运动形式。仅这样就可以给肌肉带来足够的负荷，使肌纤维增大，血液循环改善。按顺序锻炼胳膊、胸部、腹部、背部、颈部、腿部，不到1分钟的时间就可以将全身所有肌肉锻炼一遍。锻炼时如果将意识集中于发力部位肌肉，可获得更好的提升肌肉力量的效果。

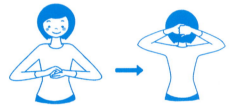

双手胸前扣握，用力向左右拉伸7秒钟

保持双手扣握，放置脑后。用力向左右拉伸7秒钟

图4-3 等长收缩运动1

4. 平衡运动

有一个测试可以检查身体平衡能力的状态是否保持良好。在闭目单脚站立状态下，测定保持平衡的持续时间。随着年龄增长，重心的摇摆会越来越强烈，能够坚持的时间会越来越短。其原因是肌肉力量下降和关节活动范围变狭窄。如果进行锻炼平衡能力的运动（图4-5），深层的肌肉会得到锻炼，关节的活动范围也会扩大。

双手扣握，保持在脑后位置，腹部用劲，保持7秒钟

双手保持原位，双腿用力，保持7秒钟

双手保持原位，下蹲，下半身用力，保持7秒钟

双手保持原位，用脚尖站立，静止7秒钟

图4-4 等长收缩运动2

空乘职业形象塑造

双臂向两侧平伸，提起左脚，单足站立，保持 7 秒钟。换右脚进行同样动作。重复 2 次

双手、双膝触地。右手和左腿离地，与地面平行，笔直伸展，保持 7 秒钟。换方向进行同样动作。重复 2 次

图 4-5　平衡运动

5. 腹肌力量提升运动

由于腹部没有骨骼，需要靠竖向的腹直肌、横向的腹横肌和斜向的腹斜肌来保护内脏。当这些腹肌衰减后，内脏容易受寒，易患疾病。而且，为了替代腹肌对内脏进行保护，脂肪层也会增厚，所以腹肌运动非常重要，这一点毫无疑问。采用仰卧位，以双膝向胸部靠拢的方式进行运动（图 4-6），便于长期坚持。

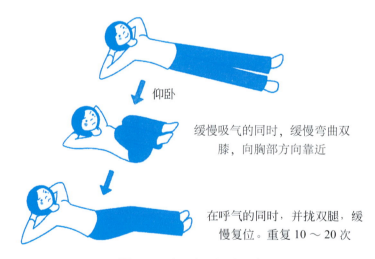

仰卧

缓慢吸气的同时，缓慢弯曲双膝，向胸部方向靠近

在呼气的同时，并拢双腿，缓慢复位。重复 10～20 次

图 4-6　腹肌力量提升运动

6. 手臂运动

手臂运动指持续进行向前伸直双臂的"握拳伸掌运动"（图4-7）这一运动可降低血压。这对预防和改善动脉硬化也同样有效，据说还有促进脑部血液循环、提升记忆力、防止健忘的效果。大幅举起、放下双臂的"举臂运动"也具有同样的效果。

图4-7 手臂运动

以上两种运动都只需一点空闲时间，随时随地就可以进行，比较容易坚持。

7.简便又有效的散步

为了放松僵硬的身体，可随时进行而且效果奇佳的运动首推散步（图4-8）。经常散步，因僵硬而收缩的肌肉会恢复弹性，血液循环能够加速，寒症等也会得到改善。而且，通过锻炼腰腿肌肉，还可减轻体重和外部压力对腰部骨骼和膝盖的负荷，有助于预防和改善腰痛、膝痛等。由于骨骼也会得到强化，所以还可预防骨质疏松症。

图4-8 散步

此外，散步不仅仅是针对肌肉和骨骼，对内脏和脑部也有助益。当下半身肌肉发达时，之前多流动在上半身的血液会顺畅地流动至下半身，血压下降，可预防脑卒中，心脏的负担也会减小，所以还有助于预防和改善心脏病。通过步行可使代谢功能得到改善，体温上升，加大了脂肪的燃烧和糖的消耗。因此还具有预防和改善糖尿病、高脂血症、脂肪肝、肥胖的效果。

散步有百利而无一害。如果可能的话，应每周进行3次，每次持续20～60分钟。从运动效果和安全性的考虑出发，最适宜散步的时间是下午4～6点。这段时间是一天中体温最高的时段，肌肉温暖而柔软。散步时穿着的鞋子也非常重要。为了避免增加腰腿负担，应选择鞋底较厚、柔软舒适的鞋子。如果因腰痛或膝痛而无法长时间步行，或者因为比较忙而不能集中时间进行运动，可采用图4-8所示的姿势，每次进行3～4分钟，每天重复3～4次，同样也能获得较好的效果。

四、保暖有助于身体健康

穿衣重在保暖下半身，身体变冷后会出现肢体僵硬现象，因此每天的穿着都要注意保暖。现在受时尚的影响，很多女性会在冬天也穿短袖或者夏天穿很暴露的服装。这样会使身体受寒，影响健康。着装时最重要的一点是"头凉脚热"，应该保持下半身比上半身温暖，因为当下半身穿着不保暖时，流动至足部的血液就会发生堵塞，难以回流，造成血液循环恶化。因此，着装时应保证脚部最暖和，往上可以逐渐减少。特别需要注意的是夏季的服装。夏季气温较高，为了适应暑热，人体本身会有降温机制，现在再加上空调的作用，一不注意身体就很容易受寒。体质虚寒的女性应该多选择穿长裤而不是裙子，长时间待在空调房里时应戴护腿，使用护膝毯等，穿两双袜子，重点保暖下半身。需要长时间坐着不动时，人体在出汗后会降温，应尽可能穿着一些易吸汗的棉质衣服。这些做法并不仅仅局限于夏季，冬季更需要坚持。

此外，在冬季外出时，还应戴围巾、帽子等进行防寒，避免脖子、手腕及脚腕等部位受寒，爱护自己一定要从细节开始。温暖下半身带来一夜好眠，在睡觉时，即使是健康人的体温也会下降，而体质虚寒的人在睡眠中体温会更低，因此需要十分注意睡衣和卧具的选择，特别是要注意下半身不要受凉，尤其是小腹周围。天气寒冷时，还可穿两双袜子或使用热水袋等。有条件的人可以在就寝前泡一会儿热水澡，能喝酒的人还可以在睡前喝点儿烫热的清酒或葡萄酒，这些都可以起到温暖身体的效果。泡澡可以立即温暖身体，泡完澡后，人们会感到身体放松，变柔软了。这是由于泡澡的温热效果改善了血液循环，扩大了肌肉的活动范围。血液得到净化，有助于解除疲劳和预防疾病，而且热水的压力会改善血液和淋巴的流动，可消除水肿和寒症。除此之外，泡澡还具有消除精神压力缓解疼痛和肌肉僵硬、提高免疫力、美容等数不胜数的益处。

半身浴可充分发挥入浴的健康效果。胸口以下泡在热水里，入浴15～30分钟。水温不宜太高。大量排汗可排出多余的水分，温暖易受寒的下半身。采用在浴缸内放入植物或盐、酒等的"药浴"方式会更有效。手掌、脚底有很多与内脏等有联系的穴位，温暖这些部位可使内脏功能活跃、全身温暖、消除僵硬，只需要用42℃左右的热水浸泡手脚10～15分钟。在感冒、生理期等无法入浴的时候，可进行手浴、足浴。在浸泡过程中要不断添加热水，注意保持水温不要下降，可在热水中加入一点儿粗盐，会有更好的温暖效果。

五、身心放松也能有效消除僵硬

展颜欢笑就是我们身体一种自我治疗的机能，人类的身体结构特点使人在全身紧张用力、僵硬的状态下无法笑出声来。当人放声欢笑时，会自然而然地大幅呼气，全身处于放松状态，也就是说，欢笑对消除身体僵硬是极为有效的。当人忘情欢笑时，心情会放松，而且由于要使用腹肌，会改善血液循环，使体温上升，已证明人的自愈能力也会得到提升。抛开精神压力和身体僵硬，在大声歌唱时必须进行深呼吸，类似于进行腹式呼吸的状态。这样会使横膈膜大幅运动，内脏受到按摩，功能得到改善，而且腹部肌肉和胸大肌等也会运动，体温也会上升。忘情歌唱还可消除精神压力，能够同时消除身心两方面的僵硬。

此外适度饮酒，可有效缓解紧张，适量的酒精可放松紧张的神经，促进血液循环，有助于温暖身体。尽管如此，还是要注意不要过量饮酒。应饮用加热后的日本清酒或者红葡萄酒、兑水的日式烧酒等，而不是啤酒、白葡萄酒、冷酒等会使体温降低的酒。

要想完全消除每天的疲劳、消除僵硬，最重要的还是要保证睡眠。在理想的睡眠状态下，快速眼动睡眠和非快速眼动睡眠以一定的节奏交替进行。夜晚本来是身心放松、适于睡眠的时段，现代人却连夜晚也忙于工作或社交，一直处于持续紧张的状态，这也是身体发生僵硬的原因。

 本章小结

本章介绍了美容与饮食、季节、环境之间的关系，空乘人员如何通过饮食保持身材，以及在不同季节中的保养美容方法。分析了身体出现僵硬状态的因素，并指出锻炼肌肉、保暖以及保持心情愉悦、保证充足的睡眠都是有效改善身体疲劳和僵硬状态的有效手段。

 思考与练习

1. 空乘人员如何进行皮肤保养？
2. 怎样做到身心放松？

参考文献

[1] 李勤. 空乘人员化妆技巧与形象塑造[M]. 第4版. 北京：旅游教育出版社，2016.

[2] 李勤. 空乘人员职业形象设计与化妆[M]. 北京：清华大学出版社，2014.

[3] 劳动和社会保障部教材办公室. 化妆与造型[M]. 北京：中国劳动社会保障出版社，2004.

[4] 于晶. 形象设计师[M]. 北京：中国劳动社会保障出版社，2015.

[5] 姜丽新. 现代礼仪教程[M]. 北京：北京工业大学出版社，2009.

[6] [日]石原结实. 年轻十岁的柔体健康法. 李霖译. 北京：广西科学技术出版社，2011.

[7] 北京轮之文化艺术传播有限公司. 基础化妆288个细节[M]. 北京：中国轻工业出版社，2009.

[8] 小P老师. 媲美明星：小P老师的魔法造型书[M]. 北京：中信出版社，2009.

[9] [日]山本浩未，李雪梅. 化妆经典[M]. 高颖译. 北京：中国轻工业出版社，2000.